HERÁLDICA PONTIFICIA Y ECLESIÁSTICA
Símbolos del Estado Vaticano

Miguel Calvo Verdú

Primera edición: 2024

ISNI de autor 0000 – 0001 – 1654 -254X
Contacto con el autor: micav40@hotmail.com

ISNI de autor 0000-0001-254
ISBN 978-84-128702-0-6

EDITA
Editamás, editorial y contenidos digitales

IMPRESIÓN Y PEDIDOS
www.editamas.com
924 180791-924966612

CONTENIDO

SUMOS PONTÍFICES DE LA IGLESIA CATÓLICA DESDE INOCENCIO III A FRANCISCO

1 *Inocencio III*
2 *Honorio III*
3 *Gregorio IX*
4 *Celestino IV*
5 *Inocencio IV*
6 *Alejandro IV*
7 *Urbano IV*
8 *Clemente IV*
9 *Gregorio X*
10 *Inocencio V*
11 *Adriano V*
12 *Juan XXI*
13 *Nicolas III*
14 *Martín IV*
15 *Honorio IV*
16 *Nicolás IV*
17 *Celestino V*
18 *Bonifacio VIII*
19 *Benedicto XI*
20 *Clemente V*
21 *Juan XXII*
22 *Benedicto XII*
23 *Clemente VI*
24 *Inocencio VI*
25 *Urbano V*
26 *Gregorio XI*
27 *Urbano VI*
28 *Clemente VII* *
29 *Bonifacio IX*
30 *Benedicto XIII* *
31 *Inocencio VII*
32 *Gregorio XII*
33 *Alejandro V* *
34 *Juan XXIII* *
35 *Martín V*
36 *Eugenio IV*
37 *Félix V* *
38 *Nicolás V*
39 *Calixto III*
40 *Pío II*
41 *Paulo II*
42 *Sixto IV*
43 *Inocencio VIII*
44 *Alejandro VI*
45 *Pio III*
46 *Julio II*
47 *León X*
48 *Adriano VI*
49 *Clemente VII*
50 *Paulo III*
51 *Julio III*
52 *Marcelo II*
53 *Paulo IV*
54 *Pio IV*
55 *Pio V*
56 *Gregorio XIII*
57 *Sixto V*
58 *Urbano VIII*
59 *Gregorio XIV*
60 *Inocencio IX*
61 *Clemente VIII*
62 *León XI*
63 *Paulo V*
64 *Gregorio XV*
65 *Urbano VIII*
66 *Inocencio X*
67 *Alejandro VII*
68 *Clemente IX*
69 *Clemente X*
70 *Inocencio XI*
71 *Alejandro VIII*
72 *Inocencio XII*
73 *Clemente XI*
74 *Inocencio XIII*
75 *Benedicto XIII*
76 *Clemente XII*
77 *Benedicto XIV*
78 *Clemente XIII*
79 *Clemente XIV*
80 *Pio VI*
81 *Pio VII*
82 *León XII*
83 *Pio VIII*
84 *Gregorio XVI*
85 *Pio IX*
86 *León XIII*
87 *Pio X*
88 *Benedicto XV*
89 *Pio XI*
90 *Pio XII*
91 *Juan XXIII*
92 *Pablo VI*
93 *Juan Pablo I*
94 *Juan Pablo II*
95 *Benedicto XVI*
96 *Francisco I*

(*) Antipapas

III. Peculiaridad de la mal llamada Heráldica de Hermandades y Cofradías en el ámbito Católico.

IV. Vocabulario básico de términos de heráldica

PRESENTACIÓN DE LA OBRA

Cuando en el año 1166 el Papa Alejandro III a través del decreto *De fide instrumentorum* ordenó que todos los documentos que se presentaran ante la Corte Pontificia debían estar sellados y extendidos por un escribano, sin saberlo, dio inicio a las bases de lo que acabaría conformándose como una heráldica específica eclesial, basada en las normas de composición de la heráldica general, pero diferenciada de ella en que ésta se organiza y crea en base al estatus jerárquico dentro de la Iglesia. Desde entonces, esta heráldica ha venido identificando a los distintos portadores de los blasones eclesiásticos en función de su grado y posición dentro del corpus de la jerarquía eclesiástica, y donde el elemento básico diferenciador en el escudo es el capelo o gorro acompañado de un número de borlas pendientes a cada lado que, según sea su número, y que nos dice el grado jerárquico al que corresponde. A este símbolo le ha acompañado como adornos exteriores otros símbolos a lo largo de la historia, como el báculo, la mitra, la cruz, la espada, el rosario, etc., cada uno con su sentido y significado concreto dentro de la composición del blasón.

Composición distinta en la general eclesiástica, es la heráldica pontificia que no presenta capelo o gorro alguno, sino la tiara pontificia, inicialmente rematada con una sola corona (*regnum*), después con dos coronas (*biregnum*) y finalmente con tres (*triregnum*), acompañadas de dos llaves cruzadas, una de plata, que representa el poder temporal, y otra de oro, que representa el poder espiritual, y unidas por un cordón azul o rojo, simbolizando la unión de ambos poderes que ostenta el Sumo Pontífice titular del escudo que representa. Y si existe una heráldica eclesiástica como signos de identidad simbólica en la Iglesia, también existen una serie de insignias que identifican el estatus jerárquico o litúrgico, presente en la indumentaria, por ejemplo. Heráldica eclesiástica que también está presente en los edificios religiosos como en los Cabildos catedralicios, basílicas o templos y algunas instituciones eclesiásticas.

El Estado Vaticano también posee sus símbolos de identidad corporativa y, en este sentido, posee un escudo que lo identifica como tal y un sello oficial con el que timbra la documentación. También posee una bandera que ha ido modificándose con el tiempo hasta la actual, y una Guardia Suiza que es verdadero símbolo de identidad del Estado Vaticano, con su propia bandera y su propia heráldica que los identifican.

En esta breve obra he querido desarrollar de forma clara y comprensible todos estos aspectos de la heráldica eclesiástica y pontificia, del Estado de la Ciudad del Vaticano, de los Cabildos Catedral, de la Guardia Suiza, etc., para en una segunda parte, presentar el blasón de todos los Sumos Pontífices que desde Inocencio III hasta el actual Papa Francisco han tenido.

Heráldica Eclesiástica
Insignias y símbolos del Estado Vaticano

Heráldica eclesiástica

La heráldica eclesiástica, aparece en el siglo XIII, un siglo después de la heráldica militar, cuando el *Papa Alejandro III* en el año 1166, decretó que todos los documentos que se presentasen en la Corte Pontificia debían estar sellados y extendidos por un escribano y sin cuyo requisito dichos documentos quedarían sin valor a la muerte de los testigos que en los mismos figuraran. A partir del año 1300 se extiende entonces el uso de timbrar todos los documentos y se prescribe el uso de escudo no sólo para arzobispos y obispos, sino incluso para los abades, priores, catedrales, colegios, monasterios y rectorados. Por tanto, hacia la segúnda mitad del siglo XIII las diócesis y órdenes regulares, las catedrales o las personalidades eclesiásticas, empezaron a usar los blasones. [1]

Alejandro III decretó en 1166 que todos los documentos de la Corte Pontificia debían estar sellados y extendidos por un escribano "De fide instrumentorum" (1166)

Como toda Heráldica, la eclesiástica es la rama científica y artística sobre el estudio y diseño de los blasones dentro del ámbito específico eclesiástico, y generalmente las normas que rigen el diseño de los blasones son las mismas que las referidas a la heráldica general, aunque la Heráldica Eclesiástica tiene sus variaciones específicas, tanto en el campo de los escudos como sobre todo en sus propios ornamentos exteriores, y que se rigen por su propia tipología y se someten a los cánones y disposiciones de las propias Iglesias.

Las reglas de composición de escudos eclesiásticos suelen tener una base patrimonial común que fundamenta todas las variantes heráldicas en el ámbito cristianismo, aunque se puedan distinguir elementos propios y distintivos dentro de la Iglesia Católica, la Iglesia Ortodoxa, la Iglesia Anglicana y otras Iglesias del ámbito protestante. La existencia de una heráldica propiamente eclesiástica se basa en que la Iglesia, en cualquiera de sus ramas, posee una constitución jerárquica, y que es la característica que marca la diferencia con la heráldica general, porque no se trata, como sucedía con los miembros de la nobleza, del ejercicio de la profesión de las armas, ni del nacimiento en una determinada familia, sino que ***lo que da derecho a usar un escudo eclesiástico es el estado de la persona dentro de la jerarquía,*** y cuyo estado jerárquico se basa en el ejercicio de cargos eclesiásticos y en el carácter de algún tipo de consagración ya sea ordenación, si se trata de sacerdotes y

[1] En el caso de España, a partir de la segunda mitad del siglo XIV se empiezan a usar entre los altos mandatarios de la Iglesia los emblemas familiares o de linaje, práctica que con el tiempo cambió para usar los emblemas de vocación pastoral o los símbolos de su veneración y devoción particular.

obispos, de profesión para los religiosos, la bendición abacial para los abades, o del uso litúrgico pontificio para algunos templos, dentro de la misma comunidad eclesial. Así, ***el lugar social en el que alguien nace no juega aquí ningún papel decisivo.***

El ***blasón eclesiástico*** representa, por tanto, a las personas y entidades, y el timbre señala ***el rango y la dignidad,*** y para expresarla se usa de elementos litúrgicos y, sobre todo, el ***sombrero*** o ***capelo,*** de la misma forma como el blasón laico usa de cascos y coronas.[2] Actualmente la única preocupación heráldica consiste en la manera de timbrar los escudos.

La Iglesia deja en completa libertad el uso de armas, por lo que sólo es preciso seguir las leyes heráldicas generales para la composición de un escudo. En general, los escudos de armas eclesiásticos institucionales se timbran con las insignias de sus prelados, con el inconveniente de que, en épocas posteriores, resultará difícil distinguir si han pertenecido a una persona o a una entidad.

Al quedar reducida la heráldica eclesiástica a los signos exteriores del escudo, ***la autorización se limita a dar el visto bueno para timbrar el escudo de una dignidad con los signos que corresponden a los mismos***, pero aun así deben observarse una serie de reglas encaminadas a regular la composición de cualquier tipo de escudo eclesiástico. La forma del escudo ha de ser ***ovalada***, se debe buscar la sencillez en las armas, evitando las inscripciones en el campo del escudo, los santos y el uso de las figuras profanas. En cuanto a los ornamentos exteriores, es preciso atenerse completamente a las disposiciones canónicas que los regulan.

Las disposiciones de la Santa Sede sobre el empleo de los blasones tiene como antecedentes la Constitución *"Militantis Ecclesiae"* del Papa Inocencio X (19 de diciembre de 1644), el *Decreto Consistorial* de Benedicto XV (15 de enero de 1915), en el que concede excepciones a favor de dignidades ligadas o anexas a una Sede episcopal o archiepiscopal, a la Orden Soberana y Militar de San Juan de Jerusalem o de Malta y a la Orden del Santo Sepulcro de Jerusalén, el *Decreto* de Pío XII de12 de mayo de 1951 y la *Instrucción* elaborada por una Comisión Cardenalicia con la finalidad de reglar y simplificar cuestiones pro-

---

[2] El Estado Vaticano fundó en 1853 el *Instituto Aráldico Romano* que tenía la finalidad de componer las armas de los escudos eclesiásticos, y aunque hoy ya no existe dicha oficina heráldica especializada, el Sumo Pontífice sigue otorgando concesiones de armas.

tocolares y heráldicas, pero equilibrándolas con un justo mantenimiento de costumbres válidas. Dicha *Instrucción* fue publicada por Pablo VI a través de la Secretaría de Estado, con fecha 31 de marzo de 1969. Los parágrafos 28 y 29 de dicha Instrucción se refieren a los usos heráldicos.

Inocencio X Constitución Militantis Ecclesiae (19 de diciembre de 1644)

> *"El uso del blasón está autorizado para los Cardenales y los Obispos. El escudo del blasón deberá ajustarse a las leyes de la Heráldica; será simple y legible. Se suprimirá del blasón la reproducción del báculo [1] y de la mitra".*

Benedicto XV Decreto Consistorial (15 de enero de 1915)

> *"En las Iglesias de su Título o Diaconía, los Cardenales podrán colocar, en el exterior, su blasón. De estas iglesias se quitará el cuadro con el retrato del Cardenal titular. En el interior de las mismas, en un lugar próximo a la puerta principal, puede ser indicado ser indicado el nombre del Cardenal titular, sobre una placa en armonía con el estilo del edificio sagrado".*

Lo dicho en ellos no obligan, pero es necesario tenerlos en cuenta como expresión del beneficio de una simple concesión o permiso. La Instrucción confirma plenamente la legitimidad de las costumbres heráldicas en el seno de la Iglesia y, más aún, reafirma el respeto por las reglas del blasón al disponer categóricamente que las armas episcopales deberán ajustarse a las leyes heráldicas y que serán simples y legibles.

Pío XII Decreto (12 de mayo de 1951)

En heráldica eclesiástica las armas de linaje irán perdiendo importancia respecto de otros símbolos como las figuras devocionales, los emblemas de las instituciones donde los prelados hubiesen realizado sus estudios, los escudos de sus localidades de origen, etc. Los elementos exteriores del escudo mostrarán la calidad del individuo o sus circunstancias propias.

Pablo VI Instrucción (31 de marzo de 1969)

En la heráldica eclesiástica al igual que en la gentilicia, son elementos puramente personales del titular de las armas, las coronas nobiliarias, las cruces de órdenes, los mantos, etc., y en especial el capelo, sombrero propio de determinadas dignidades eclesiásticas, que desde finales de la Edad Media quedó incluido en los escudos heráldicos con tal finalidad, y cuya dignidad se muestra por el número de borlas que caen a cada lado del capelo: seis para los obispos, diez para los arzobispos, y quince para cardenales. También se presentan otros elementos simbólicos, como báculos, mitras, cruces patriarcales, soportes, banderas, etc., y diversos diseños de cartelas ornamentales sin la menor significación heráldica.

La distinción entre escudo y elementos exteriores tiene una derivada de interés en heráldica eclesiástica, y en España, a diferencia de otros ámbitos, no existe la tradición de cambiar de escudo cuando se cambia de diócesis y, por tanto, inusual, aunque no por ello no suceda y ha sucedido a lo largo de la historia, que un obispo modifique por completo el escudo usado en la sede anterior.

1. *Las insignias eclesiásticas. Tipos*

Teniendo en cuenta que las insignias son signos externos de identidad, en el ámbito heráldico y eclesiástico, se las puede clasificar en función de su objeto al que sirve de signo y por el sujeto o la persona con derecho de uso.

Según el ***objeto significativo***:

- ***Insignias indumentales:*** son las basadas en el vestido, su diseño y su color, y en los complementos. Pueden ser:

  - ***Litúrgicas:*** son los ornamentos y atributos usados por los ministros en el culto como recordatorio de lo que son y lo que debería aparecer en ellos.
  - ***Ceremoniales:*** son las insignias propias de los actos solemnes no litúrgicos, académicos, diplomáticos o judiciales, y de la que se sirven tanto clérigos como laicos.
  - ***Habituales:*** son las insignias ordinarias usadas en la vida común, como el traje clerical o el hábito religioso.

- ***Insignias icónicas:*** son símbolos representados por figuras o por pictogramas que sirven para transmitir la imagen personal o corporativa, con el fin de representar su autoridad, para validar documentos, o para identificar edificios, derechos y propiedades, como son los monogramas o signaturas, los sellos, las monedas, los escudos heráldicos, las banderas y estandartes, los emblemas y los logotipos. Su studio y uso se realiza a través de disciplinas específicas tales como la diplomacia, la sigilografia (sellos), la numismática, la heráldica, la emblemática o la semiología.

Según el ***sujeto significativo*** o persona física o moral que usa, según el derecho, de la insignia:

- ***Insignias jerárquicas:*** como las insignias pontificales, prelaciales y abaciales.
- ***Insignias institucionales:*** ya seán jerárquicas, como por ejemplo la Santa Sede, diócesis, conferencias episcopales, prelaturas, basilicas, colegiatas, parroquias, tribunals, o bien de órdenes y congregaciones religiosas o de órdenes militares.
- ***Insignias corporativas:*** como los cabildos de canónigos, universidades, academias, asociaones de fieles.
- ***Insignias personales:*** como las condecoraciones, distinciones o títulos honoríficos.

a) Insignias jerárquicas

Las ***insignias jerárquicas*** permiten reconocer la función y el honor dentro de la jerarquía de la Iglesia, y diferencian las distintas misiones dentro de la unidad del ministerio episcopal, y en las tareas más directamente relacionadas o derivadas de la función pastoral. [3]

Ornamentos litúrgicos interiores de los obispos son amito, alba, cíngulo, roquete y sobrepelliz, y los exteriores, la casulla o planeta, dalmática, tunicela y capa pluvial, con su *formale* o broche pectoral. Con la capa pluvial se relacionan el manto papal o capa roja, la capa magna y la muceta. Para cubrir la cabeza, usan el *pileus*, birrete o bonete, de distintas formas. Otros complementos son las *chirotecas* o guantes, las cáligas (calzado y medias).

Las ***insignias litúrgicas mayores*** eran el manípulo, la estola, el palio (*omophorium)*, y el racional, y las ***insignias litúrgicas menores,*** la mitra, el báculo (una variante era la *férula* o vara, que podía terminar en cruz con crucifijo,

[3] Las insignias pontificales han sido establecidas y aceptadas en la Iglesia a lo largo de los siglos para significar ante los ojos de los fieles la dignidad del obispo, y el oficio pastoral que han de realizar a favor de la grey que se le ha encomendado. Por extensión, sirven a los que colaboran en el ministerio episcopal. Cf. Pablo VI, *Pontificalia insignia,* de 21 de junio de 1968, AAS 60 (1968); *Pontificales ritus,* de 21 de junio de 1968, AAS 60 (1968), *Ut sive sollicite,* de 31 de marzo de 1969, AAS 61 (1969).

como la que usaba Juan Pablo II), el anillo, con o sin piedra de amatista, y la cruz pectoral.

Según el *Caeremoniale episcoporum*,[4] de 14 de septiembre de 1984, las vestiduras litúrgicas del ***obispo*** son las mismas del presbítero, aunque es conveniente que, debajo de la casulla, vista la dalmática. Las insignias pontificales del obispo actualmente son el anillo, el báculo pastoral, la mitra, la cruz pectoral y, si le corresponde en derecho, el palio.[5] Las vestiduras litúrgicas de uso exclusivo del papa eran la falda (saya blanca plisada, sujeta a la cintura), el *subcintorium* o manípulo (lienzo o pañuelo sujeto a la cintura), y el fanón (muceta blanca con franjas doradas y rojas sobre los hombros), el báculo recto, y la tiara, *trirregnum*, o triple corona.

Sumo pontífice tocado con la tiara pontificia o triregnum, cardenal tocado con el gorro o capelo y obispo, tocado con la mitra

Las *vestes corales* o *hábito coral* lo usan los obispos para la celebración simple de la liturgia de las horas desde su sede en el coro (de ahí su nombre), o cuando asisten a un acto litúrgico en su sede, en el presbiterio o en el coro, sin ser celebrante, y son el anillo, la sotana de color violeta, el fajín del mismo color con flecos, el roquete, la muceta, la cruz pectoral con cordón verde y oro, el solideo violeta, el bonete con borla del mismo color, las medias color violeta y los zapatos negros. En las festividades más solemnes se usa la capa magna, violeta, sin armiño.

---

[4] Libro que contiene los ritos y ceremonias que deben observar los obispos y prelados de rango inferior en la Misa, vísperas y otras funciones en iglesias metropolitanas, catedrales y colegiatas. Trata también de la manera de precedencia entre eclesiásticos y laicos oficiales. Desde los primeros siglos de la Iglesia hubo muchos libros que contenían los ritos y ceremonias a ser observados en la ejecución de las funciones eclesiásticas. Poco después de que el Papa Sixto V hubo instituido en 1587 la Congregación de Ritos y Ceremonias Sagrados, el Papa Clemente VIII nombró una comisión de prelados eruditos para corregir el *Cæremoniale Episcoporum*, el cual promulgó como la Carta Apostólica *Cum novissime*, del 14 de julio de 1600. Cuando con el correr del tiempo se detectaron errores en ella, el Papa Inocencio X la mandó a revisar por una comisión de cardenales, y con su Constitución *Etsi alias* (30 de julio de 1650) ordenó que se observase en todos lugares. Una edición revisada se hizo necesaria durante el pontificado del Papa Benedicto XIII, promulgada por la Bula *Licet alias* (7 de marzo de 1727). Benedicto XIV mandó publicar una edición enmendada y aumentada, cuya observancia fue obligatoria por bulas apostólicas (15 de mayo de 1741 y 25 de marzo de 1752). Finalmente se publicó una edición típica bajo los auspicios de la *Congregación de Ritos Sagrados*, a la cual se conformaron las sucesivas ediciones.

[5] Directorio para el ministerio pastoral de los obispos *Apostolorum successores* de 22 de febrero de 2004, 57-62.

Los cardenales se distinguen por el uso del color rojo escarlata, en vez del violeta, de donde les viene el nombre de *purpurados.* Los hábitos corales del papa se caracterizan por el uso del roquete, estolón rojo, muceta de color rojo, con o sin bordes de armiño, y cruz pectoral pendiente de cordón dorado.

Pio X Motu Proprio Inter multiplices (21febrero1905)

En actos solemnes, fuera de las celebraciones litúrgicas, las vestimentas episcopales son la sotana negra, adornada con cordoncillo, ribetes, costuras, ojales y botones de color rubí, (*filetata) y* sobre ella, se puede llevar la esclavina negra, con los mismos adornos, el fajín violáceo, con flecos, la cruz pectoral sostenida por cadenilla, el solideo y el alzacuellos de color violeta. Puede cubrir su cabeza con el sombrero (*capelo* o *galero*) de ala estrecha redonda y copa semiesférica, de color negro, con borlas de color verde. Sobre estas ropas puede usar un *manteo* negro, con escla-vina. En ocasiones más solemnes puede usar un manteo amplio, de seda violácea, con tablas en los hombros, conocido (*ferraiolo).* Los ***cardenales*** usan el color rojo escarlata, el fajín, el solideo y el manteo son de seda muaré, el cordoncillo para la cruz, y el cordón y las borlas del capelo son de color rojo y dorado, y el bonete, de seda roja muaré, se usa sólo como vestidura coral.

Pio XI Constitución Apostólica Ad incrementum, (15 agosto1934)

El vestido de calle del obispo es la sotana negra, y, en color violeta (rojo para los cardenales), el alzacuello, el solideo y el fajín, la cruz sujeta con cadenilla y el anillo. Cuando viste el traje de chaqueta (*cleryman),* usa la cruz pectoral y el anillo. El ***Papa***, de ordinario, viste sotana, esclavina, fajín, solideo, todo de color blanco, la cruz pectoral con cadenilla, y el anillo, el manteo, con su esclavina, es de color rojo, el capelo, rojo fileteado en oro. Benedicto XVI recuperó el uso del *camauro* o gorro de terciopelo rojo con el borde de armiño.

Pablo VI Motu Proprio Pontificalia insignia (21 junio 1968)

Algunas de las insignias exclusivas de los obispos fueron concedidas a ciertos eclesiásticos que les prestaban su ayuda en el ejercicio de su ministerio, y a aquellos prelados que, como los abades en sus monasterios o territorios, gozaban de alguna jurisdicción ordinaria, e incluso a determinados clérigos, individual o corporativamente, como signo de dignidad y honor, privilegio que fue regulado por el Código de Derecho Canónico de 1917, y por las normas establecidas en el motu proprio *Inter multiplices*, de Pío X en 1905,[6] o en la constitución apostólica *Ad incrementum*, de Pío XI de 1934.[7] Sin embargo, establece como conveniente que el uso litúrgico de los signos pontificales se reserven a aquellas personas eclesiásticas que gozan del carácter episcopal o de alguna peculiar jurisdicción, razón por la que Pablo VI reguló el uso de las insignias episcopales, por el motu proprio *Pontificalia insignia* de 1968,[8] indicando quiénes y cuándo las pueden usar y así las insignias pontificales pueden ser usadas, además de por los obispos, por aquellos prelados que, aunque carezcan de la dignidad episcopal, sin embargo gozan de verdadera jurisdicción:

- Los legados del romano pontífice.
- Los abades y prelados que tienen jurisdicción en un territorio separado de una diócesis.[9]
- Los administradores apostólicos, constituidos permanentemente.[10]
- Los abades regulares con régimen propio, después que recibieron la bendición.[11] Los abades tienen como insignia la cruz pectoral, el báculo pastoral, el anillo y la mitra.
- Pueden usar las insignias pontificales, excepto la cátedra y el báculo:
  - Los administradores apostólicos constituidos por un tiempo. [12]
  - Los vicarios apostólicos y los prefectos apostólicos.[13]

Los ***prelados*** gozan de tales derechos sólo en su territorio propio y durante su ministerio. Pero los ***abades primados*** y los ***abades generales*** de las congregaciones monásticas, durante su oficio, pueden usar las insignias pontificales en todos los monasterios de su orden o de su congregación. Los otros ***abades regulares*** pueden gozar del mismo régimen en cualquier monasterio de su orden, pero con consentimiento del abad o del prior conventual del mismo monasterio. Los ***abades regulares bendecidos con régimen de gobierno***, después de que dejaron su régimen, y los ***abades titulares***, pueden usar de las insignias pontificias en cualquier monasterio de su orden o congregación, con consentimiento del abad y del prior conventual del mismo monasterio.

---

[6] Motu Proprio *Inter multiplices* de Pío X de 21 de febrero de1905

[7] Constitución Apostólica *Ad incrementum*, de Pío XI de 15 de agosto de 1934.

[8] Motu Proprio *Pontificalia insignia* de Pablo VI de 21 de junio de1968.

[9] CIC 1917, c. 319 § 1, c. 325

[10] CIC 1917, c. 315 § 1

[11] CIC 1917, c. 625

[12] CIC 1917 c. 351 § 2, 2º; cfr. c. 308

[13] CIC 1917 c. 308

En cuanto a las vestimentas en ocasiones solemnes, los prelados equiparados por el derecho a los obispos pueden usar las mismas prendas e insignias que los obispos, y en concreto, los ***prelados superiores de los dicasterios de la curia romana,*** los ***auditores de la Rota Romana***, el ***promotor general de justicia*** y el ***defensor del vínculo*** en el supremo tribunal de la Signatura Apostólica, los ***protonotarios apostólicos de número*** y los ***clérigos de la Cámara Apostólica***, llevan como hábito sotana y fajín de color violeta, roquete, manteleta violeta y bonete negro con borla roja, y en circunstancias solemnes, usan sotana negra *filetata*, ancha capa violeta, y calzado negro sin hebilla.

Vestimenta del Sumo Pontífice según ocasión

Los ***protonotarios apostólicos*** supernumerarios y los ***prelados honorarios de Su Santidad***, llevan como hábito coral la sotana de color morado, con fajín de seda del mismo color, adornada con flecos, sobrepelliz no rizada y bonete negro con borla negra. En las circunstancias solemnes, no litúrgicas, llevan sotana talar con cordoncillo y demás adornos de color rubí, sin la capa corta, y fajín violeta. Los ***capellanes de Su Santidad*** llevan sotana negra con cordoncillo y fajín de seda violeta.

b) Insignias icónicas

Las más comunes son las ***insignias heráldicas***, que tienen múltiples usos, como por ejemplo, el emblema papal, que se graba en las monedas acuñadas por los pontífices, y en el anillo del pescador, que es destruido por el cardenal camarlengo a la muerte del papa. Los orígenes del uso de signos gráficos identificativos de personas o de instituciones eclesiásticas se encuentran en la necesidad de validar con sellos la documentación producida.[14] A pesar de estar vedada la milicia a los clérigos, se adoptó la costumbre medieval de identificarse por las armas gentilicias, por ser más fácilmente reconocibles que la efigie sigilar. La legislación heráldica de la Iglesia ha evolucionado al mismo tiempo que la regulación del uso de las insignias pontificales.

- Por la constitución *Militantis Ecclesiae regimini* de Inocencio X, se prohíbe el uso de los timbres seculares, como las coronas. [15]
- Benedicto XV renovó la prohibición, excepto que estas insignias estuvieran anejas a la sede, o se tratara de la Orden militar de San Juan de Jerusalén o del Santo Sepulcro. [16]
- Pío XII suprimió los signos nobiliarios anejos a las sedes. [17]

La heráldica eclesiástica estaba regulada por el ***Istituto Aráldico Romano***, fundado por el Estado Vaticano en 1835, para la composición de las armerías de las dignidades eclesiásticas que, por sus cargos, debían servirse de ellas.

Lo más característico de la heráldica eclesiástica es el timbre, por el que se significa el rango, dignidad, jurisdicción y cargo, mientras que el blasón representa las armas temporales de las personas, en las que se incluyen las referencias gentilicias, las de la sede o institución que ocupan, y la devoción particular o el ideal que se propone en el desempeño de su cargo. Bajo él, se sitúa una cartela en que aparece escrita en letras mayúsculas la divisa, empresa o lema elegido por la persona, para expresar un programa de vida. La instrucción *Ut sive sollicite*, sobre las vestiduras, títulos y escudos de los cardenales, obispos y prelados menores, de la Secretaría de Estado,[18] dice que *"Está permitido el uso del escudo de armas por parte de los cardenales y de los obispos. El blasón deberá tener en cuenta las reglas de la heráldica, y ha de ser simple y legible. Se suprime del escudo la reproducción del báculo pastoral y de la mitra"*. A los cardenales se les permite el uso de su insignia en el frontis del templo del que es titular, aunque no en el interior.[19]

Los timbres y ornamentación exterior del blasón se toman de las insignias indumentales, a que la persona tenga derecho, según su grado jerárquico. Al papa le corresponde timbrar su escudo con la tiara y sus ínfulas, acolado de

[14] Cfr. *X* 2.22.2, *De fide instrumentorum*, Alejandro III, a. 1166

[15] 19.XII.1644, *Bull. Rom.* XV, 338 ss

[16] Congr. Consist., decreto de 15.I.1915, AAS VII [1915] 172

[17] Congr. Consist., decreto de 12.V.1951, AAS XLIII [1951] 10, 480

[18] instrucción *Ut sive sollicite*, sobre las vestiduras, títulos y escudos de los cardenales, obispos y prelados menores, de la Secretaría de Estado, de 31.III.1969 (AAS 61 [1969] 334-340), en el n. 28,

[19] Ibidem, n. 29)

las dos llaves cruzadas, una de oro y otra de plata, y ligadas con un cordón azul, y de una cruz patriarcal de tres travesaños horizontales, en palo. Las llaves generalmente tienen los paletones puestos en lo alto, dirigidos hacia la derecha y hacia la izquierda, y habitualmente perforados con forma de cruz, como símbolo religioso. Desde el siglo XIV las dos llaves, decusatas, son la insignia oficial de la Santa Sede. La de oro, a la derecha, alude al poder sobre el reino de los cielos, la de plata, a la izquierda, indica la autoridad espiritual del papado en la tierra. Los paletones están dirigidos arriba, es decir, hacia el cielo, mientras que las empuñaduras están dirigidas hacia abajo, es decir, en las manos del Vicario de Cristo. El cordón con las cintas que une las empuñaduras indica el vínculo de los dos poderes. [20] Benedicto XVI ha sustituyó la tiara por la mitra, y añadió, al pie del blasón, el palio. Aunque como obispos tenían su lema, no siempre lo han usado en el escudo papal.

Benedicto XVI sustituyó la tiara por la mitra, y añadió, al pie del blasón, el palio.

Francisco mantiene la mitra e incorpora la banda con el lema en punta

Al fallecimiento del papa, el cardenal camarlengo timbra su blasón, *durante munere*, con el emblema de las llaves para significar que la triple potestad fue concedida por Cristo a la Iglesia, y no desaparece con la muerte del pontífice, cubiertas con el gonfalón o basílica, una umbrela apabellonada, con la que, en las basílicas romanas, se aguardaba la llegada del papa.

Las armas de los cardenales están timbradas por el capelo o *galero* rojo, con cordón enlazado en cinco órdenes de borlas por cada lado (1, 2, 3, 4 y 5) del mismo color, y están acoladas de una cruz alta trebolada en palo. Los patriarcas y primados llevan la cruz patriarcal o de Lorena, de dos travesaños, y el capelo verde, con cinco órdenes de borlas. Los escudos de los arzobispos lucen el capelo verde con cordón rojo en cuatro órdenes de borlas por cada lado (1, 2, 3 y 4), en palo, la cruz de Lorena, de doble travesaño horizontal, trebolada, y el palio. Los blasones de los obispos, que se timbraban de mitra, báculo y cruz, ahora lo hacen de capelo verde con cordón verde, enlazado con tres órdenes de borlas (1, 2 y 3), acolados de una cruz trebolada en palo.

Pueden tener blasón, pero no pueden usarlo:

---

[20] *Ley fundamental del Estado de la Ciudad del Vaticano*, de 26.XI.2000, AAS, *Suplementum*, 1.II.2001, *Anexo C*.

- Los abades timbran el escudo con el capelo negro, con cordón y tres órdenes de borlas. Los prelados *nullius*, cruz alta, y, en verde, el capelo, el cordón y los tres órdenes de borlas.
- Los protonotarios apostólicos y los prelados de honor de Su Santidad timbran su blasón con el capelo, cordones y borlas de color violáceo, dispuestas en tres órdenes.
- Los capellanes de Su Santidad y los canónigos pueden llevar el capelo negro con dos órdenes de nudos violáceos.
- Los presbíteros tienen una sola borla y cordón negro, pendiente del capelo.
- Los priores y chantres pueden usar el bordón, o bastón alto.
-

El *paternostro* o rosario es emblema heráldico de religiosos no sacerdotes, para circundar el blasón.

La heráldica de clérigos o de laicos, se encuentra en muchos lugares y objetos de las iglesias, tanto en determinadas partes de los edificios, portadas, suelos, vidrieras, sepulcros, etc., como en los objetos litúrgicos, ornamentos, báculos, cálices, lámparas, etc. Pueden identificar la titularidad del edificio, los derechos de sepultura o de patronato, o testificar la donación realizada por una persona o una familia.

c) *Insignias institucionales*

Como las personas, así las instituciones eclesiásticas tienen sus propias insignias distintivas, tales como banderas, escudos y sellos. La bandera del Estado de la Ciudad del Vaticano tiene el paño dividido verticalmente en amarillo, del lado del asta, y blanco, en cuyo centro se sitúan las dos llaves, en oro y plata, decusatas en cruz de San Andrés, con los paletones en lo alto, dirigidos hacia los lados del escudo. De las empuñaduras penden dos cordones con cintas rojas o azules. Se corona con la tiara, de la que penden dos cintas adornadas cada una por una cruz patada. [21]

El escudo de la Santa Sede consiste en las llaves entrecruzadas, o decusatas, encima de las cuales está situada la tiara sobre fondo blanco; el escudo del Estado de la Ciudad del Vaticano es el mismo, pero sobre fondo rojo.[22]

---

[21] *Ley fundamental del Estado de la Ciudad del Vaticano*, de 26-11-2000, AAS, *Suplementum*, 1-2-2001, *Anexo A*

[22] *Ley fundamental del Estado de la Ciudad del Vaticano*, ibid., *Anexo B*

El sello tiene forma circular; el interior contiene las dos llaves entrecruzadas y colocadas bajo la tiara, y se ve enmarcado por cuatro círculos concéntricos, de los cuales, el externo con perlas, de dos en dos, encierra el epígrafe: *Estado de la Ciudad del Vaticano*, con el principio al final en la parte inferior, separados por la estrella centrada con ocho puntas.[23]

Las diócesis no suelen tener sus escudos propios, y normalmente suelen hacer uso de las armas del prelado. No obstante, cada vez es más frecuente que diseñen y utilicen su logotipo, no sujeto a las normas heráldicas, como signo de identidad corporativa, para ser utilizado por los distintos organismos de gobierno, judiciales o pastorales en documentos, publicaciones, comunicaciones, etc. Las parroquias también han de tener su propio sello,[24] y los tribunales eclesiásticos de la Santa Sede y de la Rota visten presentan las insignias comunes a los tribunales civiles: la toga negra con puñetas y vuelillos, sobre el traje talar correspondiente.

Las órdenes y congregaciones religiosas, así como las órdenes militares, tienen como signos distintivos el escudo o emblema, el color y el hábito, que están fijados en sus respectivas constituciones legítimamente aprobadas, y quienes hacen profesión religiosa reciben el hábito y las demás insignias de la vida religiosa en la emisión de votos temporales y en la profesión perpetua, como signos externos de la dedicación a Dios. [25]

d) Insignias corporativas

Las personas jurídicas legítimamente constituidas, tanto corporaciones como fundaciones[26] tanto públicas como privadas[27] tienen el derecho de ser identificadas por sus propias insignias, que vienen definidas por sus estatutos. Las insignias forman parte de los bienes patrimoniales de la institución, y su uso ha de ser regulado por los respectivos estatutos o reglamentos.

Los cabildos, catedral o colegial, como corporación, pueden tener sus emblemas para señalar derechos y propiedades. Los canónigos, en las celebraciones litúrgicas, han de vestir, como hábito coral, sobre la sotana que les corresponde, sólo la sobrepelliz y la muceta negra o gris, con cordoncillo de color morado. Los beneficiados llevarán sólo sobrepelliz y muceta negra o gris.[28]

---

[23] *Ley fundamental del Estado de la Ciudad del Vaticano*, ibid., *Anexo C*
[24] CIC c. 535 § 3
[25] *Ordo professionis religiosae*, 2.II.1970, nn. 5-6.
[26] CIC c.113 § 2, 114
[27] CIC c. 116
[28] *De reformatione vestium choralium*, 30.X.1970, AAS 63 (1971) 314-315; *Caerem. episc.* 1210

Los estatutos del cabildo determinarán, de acuerdo con las normas de la Santa Sede, cuáles sean las insignias de los canónigos.[29]

Las universidades católicas y las academias, erigidas por la autoridad eclesiástica competente, cuentan con sus insignias indumentales y sus insignias icónicas y cromáticas. Las vestes académicas tienen su origen en la vestimenta clerical. Distinguen los grados y las ciencias por sus formas y colores tradicionales, definidas en los estatutos. Los colores, en las universidades españolas, son: humanidades, celeste, ciencias, azul cobalto, económicas y empresariales, naranja, medicina, amarillo, derecho, rojo, derecho canónico, verde, farmacia, violeta, psicología, morado, ingenierías, marrón, ciencias de la educación, verde málaga, bellas artes y teología, blanco, veterinaria, verde, ciencias de la información, gris plomo. El traje académico está compuesto por la toga con puñetas, la muceta, el birrete, los guantes blancos, el anillo, y otros complementos, como la medalla, la insignia (para las ingenierías), y la placa pectoral, y por razón del cargo de gobierno, el bastón.

Las asociaciones de fieles determinan en sus estatutos las insignias indumentales e icónicas que visibilizan su identidad. El Código de Derecho Canónico de 1917, poniendo el acento en lo relativo al culto público, distinguía terceras órdenes seculares, cofradías y pías uniones.[30] Cuando asisten corporativamente a los actos litúrgicos, tienen el siguiente derecho de precedencia: terceras órdenes, archicofradías, cofradías, pías uniones primarias y otras pías uniónes, pero sólo ejercen tal derecho *"cuando van en corporación, bajo su propia cruz o estandarte y con el hábito o las insignias de la asociación"*. [31]

Las terceras órdenes, de asistir corporativamente a las procesiones públicas, funerales y demás funciones eclesiásticas, lo harán con sus insignias y bajo la cruz propia.[32] Las que han desarrollado con más profusión los símbolos externos son las hermandades y cofradías.[33] Como corporación, no pueden tomar parte en las funciones sagradas si no llevan el hábito o las insignias de la cofradía.[34] Los hábitos o insignias no se pueden adoptar, cambiar ni abandonar sin permiso del ordinario local.[35]

Las cofradías tienen obligación de asistir corporativamente, con sus insignias y estandartes propios, a las procesiones acostumbradas y a las que el ordina-

---

[29] CIC c. 506 § 2
[30] CIC 1917 c.700
[31] CIC 1917 c.701
[32] CIC 1917 c. 706
[33] CIC 1917 c. 707
[34] CIC 1917 c. 709 § 1
[35] CIC 1917 cc. 713 § 2, 714

rio prescriba,[36] especialmente a las Corpus Christi.[37] El emblema corporativo es exhibido en las medallas de los hermanos, en las varas de la junta de gobierno, y en los signos vexilológicos, como banderas, estandartes, guiones, *sinelabes* o *simpecados*, que se distribuyen a lo largo del cortejo procesional.

e) Insignias personales

Los fieles cristianos, como toda persona, tienen el derecho de profesar su religión y de expresar, por medio de insignias su identidad. Algunas mujeres seglares, siguiendo la tradición de la primitiva Iglesia, se consagran a Dios en la virginidad en un rito solemne, en el que reciben las insignias de la consagración, el velo y el anillo, por las que expresan su dedicación, y entran a formar parte del *ordo virginum*. [38] Sin detrimento de la igualdad radical de los fieles, en cuanto a la dignidad y acción,[39] la Iglesia ha admitido el uso, en los lugares sagrados, de blasones gentilicios para expresar antiguos derechos de sepultura o de patronato, y, en el caso de bienhechores insignes, permitió incluso esculpir la figura del difunto, o pintar el retrato de los donantes en los retablos.[40]

La Santa Sede reconoce los méritos de determinadas personas, por sus servicios en favor de la Iglesia, concediéndoles condecoraciones y distinciones, que llevan consigo, según el caso, el derecho de usar insignias indumentales, como uniformes de gala, e insignias icónicas, como medallas, broches e insignia de solapa.

En primer lugar, se aplica a la *familia pontificia*, definida y regulada por el motu proprio *Pontificalis domus*, [41] de Pablo VI: teólogo de la casa pontificia, protonotarios apostólicos, prelados de antecámara, prelados de honor de Su Santidad, capellanes de Su Santidad, predicador de la casa pontificia, asistentes al solio, gentiles hombres de Su Santidad, procuradores de los palacios apostólicos, agregados de antecámara y capilla musical pontificia.[42]

---

[36] CIC 1917 c. 718

[37] CIC 1917 cc.1291 § 1, 1292

[38] *Ordo professionis religiosae*, 2.II.1970, n. 6 g; *Ordo consecrationis virginis* 31-V-1970, n. 7 g; *Caerem. episc.* 723, 734)

[39] CIC c. 208

[40] *Constituciones del Arzobispado de Sevilla*, 1604, III, 10, 4

[41] *Pontificalis domus*, de Pablo VI (28.III.1968)

[42] La Prefectura de la Casa Pontificia determina qué hábitos deben vestir los componentes eclesiásticos y laicos de la casa pontificia. Cf. *Anuario Pontificio* 2007, 1903-1910.

Las máximas condecoraciones que concede el Sumo Pontífice, con letras apostólicas, son las de las órdenes ecuestres pontificias:

- Orden Suprema de Cristo, o Milicia de N. S. J. C.[43]
- Orden de la Espuela de Oro, o Milicia Aurata, ambas de clase única.
- Orden Piana, o de Pio IX.
- Orden de San Gregorio Magno y la Orden de San Silvestre, en sus diversas categorías (caballeros, damas, comendadores), y distinciones (collar, gran cruz, placa), y la Cruz *Pro Ecclesia et Pontifice* y la medalla *benemerenti*.
- Orden Ecuestre del Santo Sepulcro de Jerusalén, bajo la protección de la Santa Sede. [44]

Los diferentes uniformes de gala, placas y medallas, con sus colores, vienen determinados por los respectivos reglamentos.

2. *Régimen de uso y protección de las insignias eclesiásticas*

Las insignias son usadas única y exclusivamente por aquellas personas, físicas o morales, que tienen derecho a ellas, en virtud del cargo, o por concesión de quien tiene autoridad para ello.[45] De ahí que tal derecho, si no es vitalicio, se pierda por finalización del cargo o por revocación del derecho por la autoridad que lo concedió, o por una pena canónica, censura [46] o pena expiatoria, entre las que se enumera *"la privación de (...) título o distintivo, aun meramente honorífico"*.[47] El uso indebido de las insignias de un oficio eclesiástico sería equiparable a la usurpación de tal oficio.[48] Ninguna institución o corporación puede llamarse *pontificia* o usar sus insignias sin la concesión expresa y por escrito de la Santa Sede.[49]

---

[43] N.S.J.C. = *Nuestro Señor Jesús Cristo*
[44] *Anuario Pontificio*, 2007, 1311-1312
[45] CIC cc. 146-156
[46] CIC c. 1331, 1333
[47] CIC c. 1336, 2º
[48] CIC c. 1381; CIC 1917 c. 985, 7º
[49] En el ámbito de las Hermandades y Cofradías es usual que, muchas de ellas, venga usando y ostentando el título de Pontificia sin que exista tal concesión de uso expresa y por escrito de la Santa Sede.

3. Heráldica pontificia

El escudo de los Sumos Pontífices tiene por timbres principales la tiara y las llaves. Normalmente las llaves van acoladas al jefe del escudo. Otras veces se sitúan entre la tiara y el escudo, ambas surmontado al mismo. Entre los complementos de los timbres principales aparecen dos ángeles de carnación a ambos flancos del escudo, cada uno portando en una mano una cruz de tres traversas con el mismo esmalte de la llave que corresponde a su posición.

Timbre en el escudo pontificio

La Corte Papal casi nunca ha sido favorable a la presencia de los ángeles u otros tenantes, aunque los artistas renacentistas acompañaban las armerías también con niños, leones e incluso las figuras de San Pedro y San Pablo. Los Papas no suelen variar sus armas familiares salvo que hubiera sido religioso de determinada Orden o que hubiesen ocupado cargos de relevancia, circunstancia que suelen recordar en algún cuartel, escusón o cualquier otra parte del blasón. *Pio X* y *Juan XXIII* que habían sido Patriarcas de Venecia colocaron en el jefe de su blasón el León de S an Marcos.

La Tiara Pontificia: Es el elemento más importante de las insignias o símbolos, emblema de la dignidad papal. En el comienzo se la denominó *regnum* como a las coronas de los emperadores y reyes. Era un tocado extralitúrgico del Papa, utilizado en solemnidades de la Iglesia (desfiles, procesiones, etc.). La Tiara comienza a usarse cuando el emperador *Constantino el Grande* concedió el uso del gorro frigio al *Papa San Silvestre I* (314-335) como símbolo de la libertad de la Iglesia. La primera corona aparece con el *Papa San Símaco* (498-514), tanto él como sus sucesores debieron colocársela en la parte inferior de la Tiara, y consistía en un simple círculo metálico que servía para sostener la Tiara. En sus inicios fue una corona dentada con forma triangular, transformándose en corona radiada y después a corona flordeada. El *Papa Bonifacio VIII* (1294-1303) incorpora la segunda corona a la Tiara (*biregnum*), representando el poder espiritual que se sumaba a la del poder temporal, por lo que se situó encima de la anterior. El *Papa Benedicto XI* (1303-1304) incorporó la tercera corona a la Tiara como símbolo de la autoridad papal y empieza a usarse el término *triregnum* para aludir a las tres coronas,[50] representativas de las tres dignidades del Papa: sacerdotal, regia e imperial. [51]

Heráldicamente se define como Toca redonda, elevada y cerrada en punta, ceñida de tres coronas ducales de oro, cimada de un mundo de oro, centrado y cruzado de lo mismo. En la parte trasera lleva pendientes dos listas o cintas, franjadas al cabo, una a cada lado, sembrada de crucetas.

Las llaves cruzadas: Designan el poder sobrenatural de atar y desatar, expresan la absoluta autoridad de Cristo que transmitió a San Pedro cuando le nombra su *Vicario en la Tierra* y con pleno poder sobre toda la Iglesia. Las dos llaves aparecen puestas en aspa, a la derecha la de oro y a la izquierda la de plata, con los mangos hacia abajo (mostrando que están en las manos del Papa, Vicario de Cristo en la Tierra) y los dientes hacia arriba, huecos, recortados en forma de cruz. La llave de oro simboliza la jurisdicción sobre el Reino de los Cielos y la de plata sobre los fieles. Desde el siglo V el arte cristiano ha representado las llaves como símbolo del poder supremo. El *Papa Clemente VI* (1342-1353) colocó por primera vez las llaves entre la tiara y su blasón. Unidas por un cordón rojo símbolo de unión de los dos poderes. A veces se representó el cordón en azul.[52]

Tiara pontificia o triregnum, y las llaves cruzadas de oro (poder espiritual) y plata (poder temporal) atadas del cordón de gules a veces de azur.

[50] El uso de la tiara fue abandonado a partir de Pablo VI

[51] La forma de la tiara fue cambiando a lo largo de los siglos, y aparece unas veces más o menos redondeada, otras sin el globo o la cruz, otras con la posición de las cintas modificadas. De la tiara penden dos cintas (ínfulas) adornadas cada una por una cruz patada.

[52] Durante el periodo de sede vacante se acolan al escudo del cardenal Camarlengo o se ponen debajo o encima de las armas, y por esa razón no deben ponerse en el catafalco o armazón cubierto de tela negra que representa un sepulcro y que se eleva en los templos para celebrar los funerales del difunto, en este caso del Papa fallecido, ya que al morir pierde las dos jurisdicciones: temporal y espiritual.

<table>
<tr><th colspan="2">HERÁLDICA SUMO PONTIFICE</th></tr>
<tr><td>Sumo Pontífice

El escudo se caracteriza por los símbolos de la dignidad papal: la tiara de tres coronas con ínfulas y las llaves. La tiara se coloca en la parte superior del escudo. Las llaves, colocadas, debajo de la tiara, encima o detrás del escudo, y están atadas con un cordón de gules,[53] una de oro (poder espiritual) y otra de plata (poder temporal),</td><td></td></tr>
</table>

El Papa es el *Sumo Pontífice* y jefe de la Iglesia Católica, el *Vicario de Cristo en la Tierra, el Obispo de Roma y el Pastor* de todos los cristianos, concedido por Jesucristo a San Pedro y, en consecuencia, a todos los Papas sucesivos. El Papa es aconsejado y electo por el *Colegio Cardenalicio*, y en el gobierno de la Iglesia, asistido por la *Curia romana*. Tiene su sede, la *Cátedra de Pedro*, en Roma, y periódicamente también es aconsejado por el Sínodo de los Obispos.

Sumo Pontífice con cruz papal de triple travesaño

El término *"Papa"* (del latín *papa = padre*) se usa en varias iglesias para designar a sus dirigentes, pero en español se refiere generalmente al jefe de la Iglesia Católica. El papa tiene otros títulos, como *Santo padre, Sumo Pontífice, Vicario de Cristo, Obispo de Roma, Sucesor de Pedro y Siervo de los siervos de Dios*. Desde 1929 el Papa también ostenta el título de *Soberano de la Ciudad del Vaticano*.

Entre otras funciones, el Papa tiene la misión de mantener la integridad y fidelidad del depósito de la fe, corrigiendo si fuera necesario, cualquier interpretación incorrecta de la Revelación divina vigente en la Iglesia, para lo cual convoca concilios ecuménicos o ejerce personalmente la infalibilidad pontificia, prerrogativa dada a los Papas por el *Concilio Vaticano I* (1869).

53 A veces de azur

Desde el pontificado de *Inocencio III*, cada Papa de la Iglesia Católica ha tenido su propio escudo papal o pontificio, que ha servido como insignia de su papado. Todos los escudos papales habían contenido la tiara entre sus atributos y, desde el pontificado de *Bonifacio VIII* (1294), las dos llaves cruzadas, símbolo de la potestad dada por Cristo a san Pedro, hasta que *Benedicto XVI* alteró esta costumbre heráldica sustituyendo la tiara por la mitra y el palio.

El *Papa Francisco* mantuvo la mitra en sustitución de la tiara, pero eliminó el palio de *Benedicto XVI*. A su vez, *Francisco* cambió la forma del escudo, eligiendo el modelo denominado español. *Benedicto XVI* había elegido la forma de cáliz, con la parte superior ligeramente curvada hacia abajo. También incluyó *Francisco*, por primera vez en la historia, un lema, *Miserando atque eligendo* (*Lo miró con misericordia y lo eligió*).

Las llaves representan el poder temporal (plateada) y divino (dorada) inherente al papado, haciendo referencia, al párrafo del evangelio según San Mateo capítulo 16, versículos 18 a19:

> *"Tu eres Pedro (piedra) y sobre esta piedra edificare mi iglesia, y las puertas del infierno no prevalecerán sobre ella. Yo te daré las llaves del Reino de los Cielos. Todo lo que ates en la tierra, quedará atado en el cielo, y todo lo que desates en la tierra, quedará desatado en el cielo."*

De esta manera, en la heráldica eclesiástica, las llaves simbolizan la autoridad espiritual y temporal del Papa como *Vicario de Cristo* en la Tierra.

4. Heráldica eclesiástica. Elementos

Entre los ***elementos*** presentes en la heráldica jerárquica de los prelados dentro de la Iglesia Católica tenemos los que a continuación detallamos.

a) El báculo:

Es el signo de gobierno de los obispos desde el siglo IV, aunque también lo pueden llevar los Abades si llevan anudado un velo (*velum*) o sudario (*sudarium*) en el punto de unión de la parte curva con la recta. En sus inicios el báculo era de madera, sirviendo de bastón a los predicadores, después paso al hierro y finalmente a plata y oro adornados con piedras preciosas. Pasado el tiempo se convirtió en símbolo del poder de los obispos como lo indica San

Báculo obispal y el usado por los abades con el velum o sudarium

Isidoro de Sevilla en sus Etimologías. También pueden usar el báculo las Abadesas, en determinadas ocasiones los prelados sin jurisdicción efectiva, cardenales que no sean obispos (tienen derecho a usar mitra), los prelados nullius y otros dignatarios a los que se les ha concedido un privilegio particular. El velo o sudario que llevan los abades es para aislar la mano sudorosa del contacto con el Báculo. Los obispos no lo utilizan porque llevan guantes. Las abadesas sólo pueden llevar Báculo dentro de la abadía y en ceremonias y funciones oficiales propias de su rango, las leyes eclesiásticas no permiten que en el exterior puedan ejercer ninguna potestad. Pueden adornar el escudo con el báculo. Un obispo puede usar el Báculo solo dentro de la diócesis sobre la que tiene jurisdicción, fuera de ésta tiene que ser autorizado por el obispo local o por la Santa Sede. Los abades sólo pueden llevar el báculo dentro de su Monasterio y fuera siguen las mismas condiciones que los obispos.

b) *La cruz episcopal:*

Símbolo reconocido por la Iglesia como emblema de rango episcopal. Desde la heráldica es el único símbolo al que tienen derecho los obispos. En el siglo XV la Cruz es usada por los obispos acolada a su escudo.

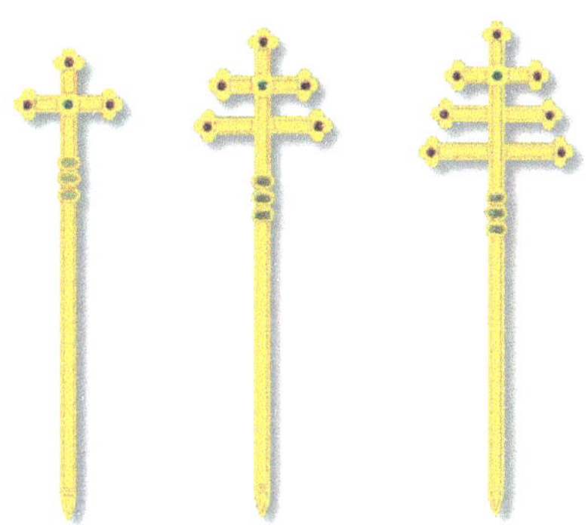

Cruz episcopal con uno, dos y tres travesaños dependiendo de la dignidad jerárquica

- *Con un solo travesaño,* es usada por los obispos que no son primados ni han servido legacías, arzobispos que han sido príncipes soberanos y arzobispos marqueses.
- *Con dos travesaños,* es usada por arzobispos primados, arzobispos que han servido legacías, cardenales y cardenales patriarcas.
- *Con tres travesaños* se aplica el uso del Papa de forma indebida y ocasional, ya que la Cruz que precedía al Papa siempre era sencilla, como la de los obispos de un solo travesaño.

c) La mitra:

Mitra

Es el rango más representativo de los rangos eclesiásticos y simboliza por excelencia el grado sacro de la dignidad episcopal. La Mitra era usada en Roma en el siglo X como tocado pontificial. Hasta el *Papa León IX* (1049-1054) sólo era utilizada por los Papas y los cardenales, desde entonces apareció como símbolo distintivo de los obispos. Con el *Papa Alejandro II* (1061-1073) se extendió su uso a los abades, siendo el primero en recibir la concesión el *Abad Engelsinus* del Monasterio de San Agustín de Cantérbury. Con el pontificado de *Clemente IV* (1342-1352) surgieron una serie de restricciones del uso de la mitra para abades, canónigos y prelados no obispos. Es una concesión de la Santa Sede y nadie puede utilizarla sin justificar su derecho.

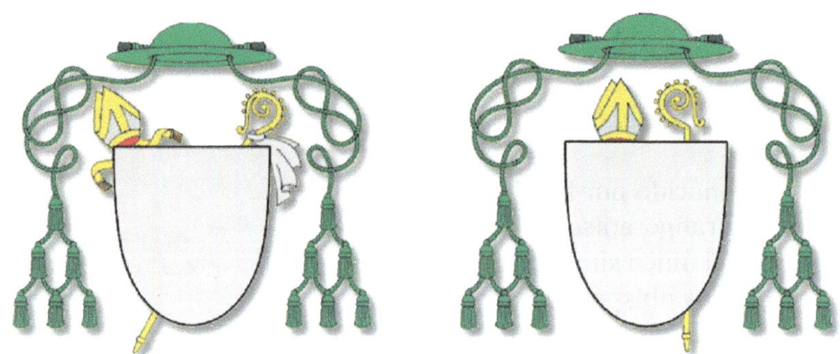

Abad con jurisdicción y prelado mitrado

Los obispos y abades timbraron sus escudos con la Mitra, A través del tiempo evolucionó la forma y el tamaño de la mitra. Según las leyes litúrgicas hay tres tipos de Mitras: Mitra preciosa, Mitra dorada y Mitra blanca o sencilla. La mitra en los blasones de los prelados se coloca a la izquierda del báculo, con la parte curva del báculo hacia aguera del mismo. En los abades con la parte del báculo hacia el interior del mismo. El privilegio de llevar Mitra no conlleva poder utilizarla en heráldicam así hay canónigos capitulares y Protonotarios Apostólicos que aunque aunque pueden utilizarla en actos litúrgicos no pueden hacerlo en sus blasones. En el Monasterio de Santa Maria de las Huelgas en Burgos imitaron a otras abadesas de Francia, Italia y Alemania en la forma de vestirse solemnemente adoptando cruz pectoral, anillo, báculo y en ocasiones, la Mitra. El *Papa Urbano VIII* (1623-1644) dio un reconocimiento oficial a su jurisdicción, y promulga en 1628 la Bula *Sedis Apostolocae*, creando el título de *Abadesa Nullius*. En 1873 fue abolida por el *Papa Pio IX* a través de la Bula *Quam Diversa*.

d) El pabellón basilical:

Las llaves y el pabellón se usan por el *Sagrado Colegio Cardenalicio*, la *Cámara Apostólica* y algunos *Institutos Pontificios* y *Semina-rios*. También usados por un pequeño número de dignatarios laicos de la *Corte Pontificia*, que los cargan en sus escudos, pudiendo ser usado en heráldica por los linajes que han dado un Papa a la Iglesia. El *pabellón basilical* comienza en heráldica en el siglo XV y se encuentra por primera vez en un sello de César Borgia, representando el poder temporal de la Iglesia.

Las basílicas mayores adornan sus armas con el pabellón colocado en palo detrás del escudo y las llaves pontificias. Las basílicas menores adornan sus armas con el único pabellón que surge en palo detrás del escudo que remata.

e) El palio:

También llamado *perla, pérgula* y *palo en punta*, (del latín *pallium*) y es una pieza de primer orden, compuesto de media banda, media barra y medio palo. Existen dos tipos:

- ***Palio procesional:*** Consistente en una especie de dosel colocado sobre cuatro varas de madera o metal, normalmente rectangular, de tela preciosa, bordada y recamada. Ha de ser de color blanco, aunque en Viérnes Santo es morado, y se usa en las procesiones del Santísimo y bajo él no debe llevarse ninguna imagen o reliquia, salvo la reliquia de la Vera Cruz. Las varas las pueden llevar, en las catedrales, los beneficiarios con capa pluvial hasta la puerta de la iglesia, y desde allí lo portan los laicos.

- ***Palio arzobispal:*** Es el símbolo del *Pastor* que lleva la oveja a los hombros y el supremo poder pastoral del Sumo Pontífice, conductor de los demás pastores de la Iglesia. En este caso consiste en una banda o cinta circular de lana blanca de cinco centímetros de ancho, adornada con cuatro cruces de seda negra. Pende de los hombros dos colgantes de veinticinco centimetros de largo, con dos cruces de seda negra, y las extremidades terminan con las puntas redondeadas cubierta con un pequeño festón negro

Palio procesional y palio arzobispal

f) El rosario:

También llamado *chapellet* y *Pater Noster*, es un emblema usado por los religiosos que no tienen derecho a otros ornamentos, y consta de cinco decenas de granos o cuentas separadas por una cuenta más gruesa, todo rematado por una cruz latina, y se usa en heráldica rodeando al blasón.

El rosario también es un emblema usado por las personas que, sin ser eclesiásticas, son caballeros de la *Soberana y Militar Orden de San Juan de Jerusalén o de Malta*, y en este caso rematan el rosario con una cruz octogonal de Malta, rodeando al blasón y a la cruz de la Orden, ambos acolados al blasón.

Rosario

g) La espada:

Compuesta de una hoja de acero, recta, cortante y puntiaguda de unos 80 cm de longitud, con empuñadura y guarnición. En heráldica se la representa puesta en palo, de plata, con la guarnición de oro y con la punta dirigida hacia el jefe (espada alta), a veces con la punta hacia el pie (espada baja) o en faja (espada echada). Como insignia puede representar una dignidad militar o civil, y en el ámbito de la Iglesia representa el poder temporal que usaban los Obispos, Príncipes Obispos, Príncipes Arzobispos, Abades y algunas Abadesas. Su uso en heráldica eclesiástica proviene de las prerrogativas de impartir justicia en sus territorios por concesión de los soberanos temporales (de ahí espada temporal), y se suele poner en aspa con el báculo.

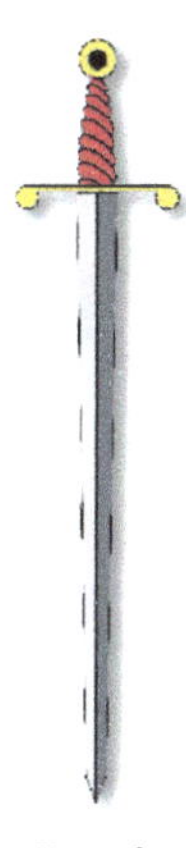

Espada

h) Azucenas y guirnaldas de rosas blancas:

Se usan como timbre, y las azucenas se pintan al natural, simbolizan la pureza, la inocencia y el candor, razón por la que cuando se adorna el blasón se le adorna con ramos de esta flor liados con un lazo blanco. Pertenece a doncellas de la nobleza, y si además son religiósas, el blasón va sumado en jefe de un escudo ovalado cargado con el emblema de la Orden religiosa a la que pertenece con una guirnalda de rosas blancas.

Guirnalda de rosas blancas y azucenas

i) Sombrero o capelo heráldico:

Es un gorro eclesiástico que timbra los blasones, y varía su color según la dignidad o jerarquía eclesiástica que representa.

Siempre aparece forrado de rojo y adornado de dos cordones, uno a cada lado, de los cuales pende un número determinado de borlas que también varía según la jerarquía y cargo de la correspondiente dignidad. *Pío X* reguló mediante decreto el 21 de febrero de 1905 su uso, los colores y el número de borlas que correspondía a cada grado dentro de la jerarquía,

Según el timbre que presente el escudo, así como el color del sombrero y de las borlas que caen a cada lado unido a otros símbolos, se establece una representación heráldica jerárquica de los distintos blasones.

Capelo heráldico de gules, sinople o sable

5. Heráldica eclesiástica. Jerarquía

a) Cardenales

Jerárquicamente, los ***Cardenales*** se sitúan en la cúpula como título de mayor categoría dentro de la jerarquía eclesiástica, inmediatamente por debajo del Sumo Pontífice. Se les llama *Príncipes de la Iglesia* y tienen el tratamiento de *Eminencia Reverendísima.* En los actos oficiales se les rinde honores de arma presentada e himno nacional.

HERÁLDICA CARDENALES	
Cardenal y Cardenal Diácono Los cardenales llevan un sombrero de gules acompañado de un cordón con quince borlas del mismo color. El escudo sobre una cruz procesional dorada. Los cardenales que no han recibido la consagración episcopal no utilizan la cruz, excepto cuando tienen derecho a ella como legados, que la portan como representantes del Sumo Pontífice.	

Cardenal Obispo Los cardenales que son obispos llevan sombrero de gules acompañado de un cordón con quince borlas del mismo color y añaden una cruz procesional de oro detrás de su escudo. Hay que tener en cuenta que el título de cardenal obispo solo lo usan los cardenales que son obispos de una de las siete diócesis suburbanas de Roma.	
Cardenal Arzobispo, Primado o Patriarca Llevan un sombrero de gules acompañado de un cordón con quince borlas del mismo color. La cruz procesional tiene doble cruz cuando el cardenal es arzobispo, primado o patriarca	
Cardenal Arzobispo Metropolitano Llevan sombrero de gules acompañado de un cordón con quince borlas del mismo color. Los cardenales que son arzobispos metropolitanos pueden adornar con el palio, que colocan en la punta del escudo o, más raramente, sumarlo.	

Cardenal Gran Maestre de la Soberana Orden de Malta El príncipe y gran maestre de la Soberana Orden Militar Hospitalaria de San Juan de Jerusalén, Rodas y Malta, es un religioso con rango de cardenal. Su escudo, cuartelado: con 1º y 4º, de gules con una cruz de plata , colocado sobre una cruz de oro con ocho puntas esmaltadas en plata y rodeada por el collar del Príncipe y Gran Maestre, todo sobre un pabellón sembrado de armiño, con flecos, de sable y atado a los lados sembrados de cruces de Malta de plata, y en su parte superior con cordones de oro, el cuello rematado con la corona principesca dorada cerrada, con gema y pedrería natural, con el gorro de sable, rematado por un globo cruzado y coronado por una cruz de Malta dorada, esmaltada en plata .	
Cardenal Gran Maestre de la Orden del Santo Sepulcro de Jerusalén Lleva sombrero de gules acompañado de un cordón con quince borlas del mismo color, y cruz de doble travesaño. El cardenal gran maestre de la orden ecuestre del Santo Sepulcro de Jerusalén, sobre una cruz de gules de Jerusalén, un escudo cuartelado, 1º y 4º con la cruz de Jerusalén de gules. El conjunto colocado sobre un pabellón de plata sembrado de armiño, anudado en sus extremos de cordón de oro y coronado de corona de espinas y un yelmo de oro, acolada cruz de oro de doble travesaño. Escudo rodeado por el collar de la orden	

Cardenal Camarlengo Llevan sombrero de gules acompañado de un cordón con quince borlas del mismo color. Durante la vacante de la sede pontificia, el cardenal camarlengo adorna con el pabellón basilical y las llaves, colocadas en cruz, encima o detrás del escudo, atadas con un cordón de gules.	
Cardenal de Orden Religiosa Llevan sombrero de gules acompañado de un cordón con quince borlas del mismo color. Cuando procede de alguna Orden religiosa lleva el emblema de su corporación dentro de un círculo de oro, entre el escudo y el capelo	

b) Patriarca

Es el título de los obispos que presiden iglesias o sedes episcopales residenciales o titulares y que, por este mismo motivo se las llama *sedes patriarcales*. La diócesis y el eventual grupo de diócesis sujetas a la autoridad de un patriarca reciben el nombre de *patriarcado.* En el siglo XV se crea el *Patriarcado de las Indias Occidentales,* vinculado al obispo de Madrid-Alcalá, actualmente solo como título honorífico.

HERÁLDICA PATRIARCAS	
Patriarcas Los **patriarcas** que no son **cardenales** caracterizan llevan la cruz con doble travesaño, sombrero de sinople acompañado de un cordón a cada lado con quince borlas, como los **primados.** El cordón y las borlas a veces se representan entrelazados con hilos de oro. En Punta se acompaña del palio.	
Patriarca de Lisboa El escudo está adornado con la tiara pontificia sin las llaves cruzadas, con una cruz patriarcal y un báculo. Ambos de oro, cruzados y acolados al escudo, por concesión de privilegio por del Papa **Clemente XII.**	
Patriarcas de rito bizantino Sobre un manto de armiño de plata sembrado de armiño, revés de púrpura anudado en sus extremos, el escudo, acolado de la cruz de doble travesaño y el caduceo de oro cruzadas, timbrado de corona bizantina.	

<table>
<tr><td>Patriarcas armenios

El Patriarca de Cilicia de los armenios acola el escudo con el báculo episcopal, el báculo patriarcal que termina en un globo terráqueo coronado por una cruz, la cruz patriarcal con doble travesaño y el báculo doctoral (caduceo) con serpientes, similar a la cruz bizantina- Timbra con una mitra de oro cargada de una paloma de plata</td><td></td></tr>
</table>

c) Primado

El ***Primado*** es un arzobispo o raramente un obispo de una sede episcopal (*sede primada)* a quien el Papa le reconoce derechos honoríficos, no solo sobre los obispos de su propia provincia, como el metropolitano, sino también a veces sobre cierto número de provincias, tales como las que se encuentran dentro de una Iglesia nacional, generalmente en los países con una larga tradición católica en donde la Santa Sede reconoció el título de primado generalmente a solicitud de reyes y de prelados. En el pasado los primados solían tener privilegios de jurisdicción tales como el de convocar y presidir concilios nacionales, escuchar apelaciones de tribunales metropolitanos y el derecho a exigir obediencia a los metropolitanos, derechos que cayeron en desuso al dejar de celebrarse concilios nacionales y pasar las causas de apelación al tribunal de la *Rota* romana. En España el título de Primado está vinculado a la diócesis de Toledo

<table>
<tr><th colspan="2">HERÁLDICA PRIMADOS</th></tr>
<tr><td>Primados

Los primados que no son cardenales se presentan con una cruz con dos travesaños, y el sombrero de sinople con el cordón y quince borlas de lo mismo a cada lado, como los patriarcas. El cordón y las borlas a veces se representan entrelazados con hilos de oro.</td><td></td></tr>
</table>

d) Arzobispos

Dentro de la categoría jerárquica de los ***Arzobispos*** existen de tres tipos:

- ***Metropolitanos:*** Tipo que, además de dirigir una diócesis, tienen bajo su mando una archidiócesis (formada por la union de varias diócesis). Por concesión del Sumo Pontífice se les otorga el Palio Arzobispal, que es el símbolo de la máxima potestad metropolitana. Si no hay tal concesión no se puede ejercer la jurisdicción metropolitana. Tienen el tratamiento de *Excelencia Reverendísima* y honores de arma en hombre y marcha de infantes.

- ***Residenciales no metropolitanos:*** Dirigen una diócesis pero no tienen adscrita ninguna provincial eclesiástica. Tienen el tratamiento de *Excelencia Reverendísima*, y en los actos oficiales tienen honores de arma sobre el hombre y marcha de infantes.

- ***Titulares:*** Dirigen una diócesis pero esta es asignada fuera de un pais Cristiano. Tienen tratamiento de *Excelencia Reverendísima* y en los actos oficiales tienen honores de arma sobre el hombre y marcha de infantes.

HERÁLDICA ARZOBISPOS	
Arzobispos Los arzobispos llevan un sombrero de sinople acompañado de un cordón con diez borlas de lo mismo a cada lado. El escudo se coloca sobre una cruz de doble travesaño. Cuando el arzobispo es metropolitano, también es costumbre en la heráldica eclesiástica más reciente, colocar el palio en la punta del escudo.	

e) Obispos

Dentro de la categoría de los ***obispos*** existen dos tipos:

- ***Residenciales:*** Encargados de dirigir la diócesis y sus directores. También se les llama Obispos Sufragáneos de la provincial eclesiástica correspondiente de la que depende. Tienen tratamiento de *Excelencia Reverendísima* y en actos oficiales tienen honores de armas descansada y marcha de infantes.

- ***Titulares:*** Tienen asignada una sede fuera de pais Cristiano y se sitúa com un título meramente honorífico. Dentro de estos están los Obispos Coadjutores y los Obispos Auxiliares, llamados así según tengan derecho o no a sucesión en la sede a las que fueron adscritos. Tienen tratamiento de *Excelencia Reverendísima* y en actos oficiales honores de arma descansada y marcha de infante.

Obispos Los obispos llevan un sombrero de sinople acompañado de un cordón con seis borlas de lo mismo a cada lado. El escudo se coloca sobre una cruz procesional con un travesaño. Si bien su uso estuvo muy extendido en el pasado, la mitra y el báculo se usan muy raramente en la actualidad en el escudo episcopal, habiendo sido prohibido su uso heráldico en estas armas por la instrucción del 31 de marzo de 1969 de Pablo VI.	

f) Otros prelados

Los ***Vicarios*** son nombrados por la Santa Sede para regir el territorio no constituido como diócesis todavía,[54] gozan de los mismos derechos y facultades que los Obispos Residenciales. Tienen el tratamiento de *Excelencia Reve-*

[54] Por ejemplo, en África.

rendísima y en actos oficiales tienen honores de arma descansada y marcha de infante.

Los ***Prefectos Apostólicos*** son nombrado por la Santa Sede para dirigir territorios que aún no son diócesis, y gozan de los mismos derechos y facultades que los Vicarios. Tienen tratamiento de *Excelencia Reverendísima* y en actos oficiales tienen honores de arma descansada y marcha de infantes.

Los ***Prelados*** son dignatarios eclesiásticos que tienen jurisdicción por derecho de su oficio: obispos, abades, vicarios generales, priores, etc. A los miembros de la Corte o Casa del Papa se les llama prelados como título honorífico, pero no tienen jurisdicción.

El título de ***Prelado Doméstico*** se otorga a ciertos sacerdotes como reconocimiento papal (clérigos adscritos a la familia del Papa), y aparecen en el Anuario Pontificio.

El Prelado Nullius (de ninguna diócesis) está a cargo de un territorio no establecido como diócesis, y realiza todo lo que es jurisdicción de un obispo excepto lo que es propio sólo del orden episcopal.

HERÁLDICA CASA DEL SUMO PONTÍFICE	
Prelados di fiochetto Los prelados di fiocchetto timbran con un sombrero violeta del que cuelga a cada lado un cordón de gules con diez borlas de gules. Estos altos prelados de la corte papal fueron el Vicecamarlengo de la Santa Iglesia Romana, el Auditor General, el Tesorero General de la Cámara Apostólica y el Mayordomo de Su Santidad.	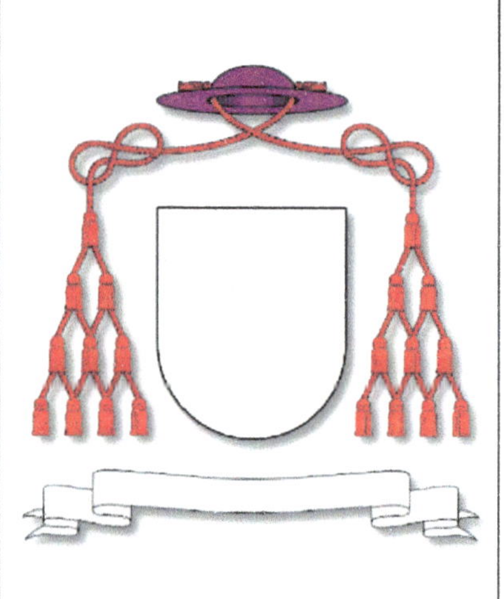

Protonotarios apostólicos Los protonotarios apostólicos numerarios y los protonotarios apostólicos supernumerarios adornan su blasón con un sombrero violeta del que cuelgan a cada lado cordones de seis borlas de gules, sin la cruz episcopal ni las demás insignias pontificias (mitra y báculo).	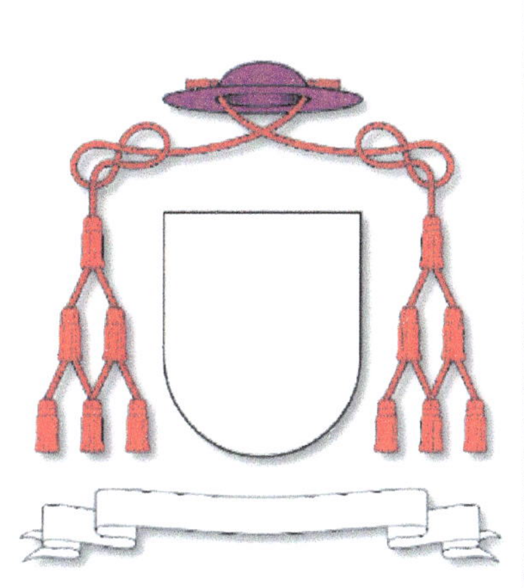
Protonotarios apostólicos titulares Los protonotarios apostólicos honorarios o titulares sellan el escudo con un sombrero de sable del que cuelgan cordones de sable con seis borlas de lo mismo a cada lado .	
Prelados de Su Santidad Los prelados de honor o los capellanes *ad honorem* de la Soberana Orden de Malta (antes llamados prelados domésticos) utilizan el sombrero violeta del que cuelga a cada lado un cordón con seis borlas de lo mismo.	

<table>
<tr>
<td>Camareros y capellanes secretos de Su Santidad

Actualmente agrupados bajo el título de capellán de Su Santidad, como los capellanes maestros de la Soberana Orden de Malta, sellan su escudo con un sombrero de sable del que cuelga, a cada lado, un cordón con seis borlas violetas.</td>
<td></td>
</tr>
</table>

g) Clero regular

El ***Clero Regular designa*** a sacerdotes católicos miembros de una orden religiosa regular, es decir, que viven de acuerdo a una regla y hacen votos solemnes. Viven en comunidad y su función principal es ejercer el ministerio parecido al de los clérigos seculares, promoviendo el culto divino y la salvación de las almas. Sus miembros tienen más libertad personal que los monjes y frailes al tener menos obligaciones comunitarias.

<table>
<tr>
<th colspan="2">HERÁLDICA CLERO REGULAR</th>
</tr>
<tr>
<td>Abades y prelados nullius

Sin haber recibido la consagración episcopal, estos abades y prelados tienen jurisdicción sobre el clero y los fieles en su territorio, beneficiándose de la misma insignia y vestimenta pontificia que los obispos, a excepción de la cruz procesional, que se ha convertido, en heráldica, en una insignia específica de la orden episcopal y de los cardenales. Por tanto, sellan sus escudos con el sombrero de sinople con doce borlas de lo mismo, que cuelgan seis a cada lado. El escudo se acola con un báculo con el puño adiestrado y atado un velo blanco.</td>
<td></td>
</tr>
</table>

Abades y prebostes mitrados Los abades regulares y los **abades comendadores** (que estaban al mando de una **abadía**) tienen un *sombrero de sable acompañado de un cordón, a cada lado, con seis borlas de lo mismo*. El escudo de los abades que han recibido la bendición de la abadía está, además, rematado en la diestra por una mitra vista de frente. y a la siniestra el báculo vuelto a la derecha, en palo, atado de un velo.	
Abades premonstratenses Los abades **premonstratenses** , presentan un escudo totalmente blanco, con seis borlas que cuelgan a cada lado y capelo blanco, acolado del báculo en palo vuelto a la diestra..	
Antiguos abades de Flandes Los antiguos abades de **Flandes** nunca solían presentar su escudo de armas timbrado de la mitra y con las armas de la familia, sino en su forma ovalada, con dos báculos cruzados y acolados al escudo.	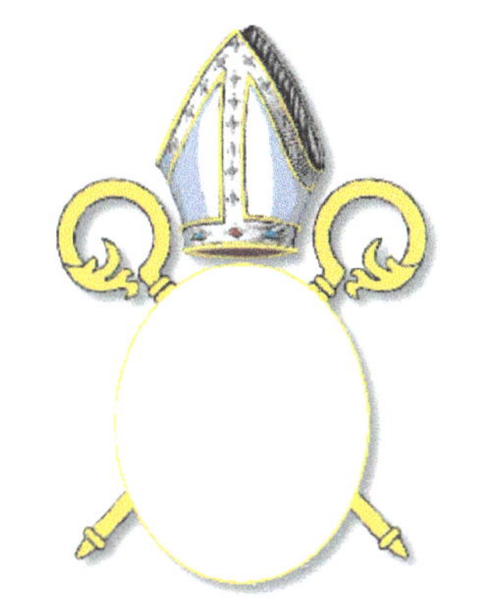

<table>
<tr><td>

Gran Maestre de la Orden Teutónica

Desde 1929, esta antigua orden militar se ha convertido en un instituto religioso gobernado por un gran maestre prelado, con capelo de sable y seis borlas a cada lado blancas.

</td><td></td></tr>
<tr><td>

Superiores religiosos mayores

Los superiores mayores de las congregaciones religiosas clericales utilizan el signo de la dignidad heráldica propio de los prelados, el sombrero de sable acompañado de un cordón, a cada lado, con seis borlas de lo mismo.

</td><td></td></tr>
<tr><td>

Priores

Los priores presentan un sombrero de sable del que cuelga, a cada lado, un cordón con tres borlas de lo mismo.

</td><td></td></tr>
</table>

Superiores religiosos menores Los superiores menores y locales de las congregaciones religiosas llevan un sombrero de sable acompañado de un cordón con dos borlas de lo mismo, una a cada lado. Estas dos borlas pueden colgar de un nodo central y caer una al lado de la otra, o pueden estar dispuestas una encima de la otra.	

h) Clero secular o diocesano

El ***Clero Secular*** o ***Clero Diocesano*** está compuesto por el obispo y su presbiterio, es decir, todos los sacerdotes y diáconos que no están vinculados a ninguna orden religiosa, sino directamente bajo las órdenes de su obispo.

HERÁLDICA CLERO SECULAR	
Canónigos de basílicas mayores Utilizan un sombrero de sable del que cuelga, a cada lado, un cordón con seis borlas de color púrpura, entrelazado con hilo de oro.	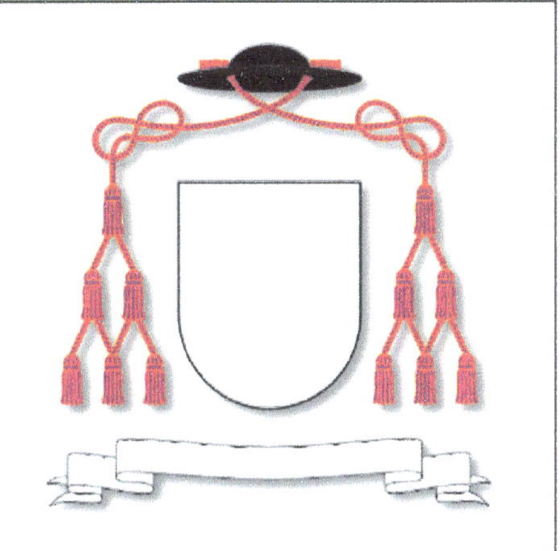

Canónigos de basílicas menores Usan un sombrero de sable del que cuelga un cordón a cada lado con seis borlas moradas. Tanto los canónigos de basílicas menores como los de catedrales privilegiadas usan el mismo sombrero.	
Vicarios generales Los vicarios generales y los vicarios capitulares (hoy administradores diocesanos) tienen el privilegio de ser titulares de maestros mientras dure su cargo y, por tanto, tienen derecho a la misma insignia heráldica. Sellan su escudo con un sombrero de sable del que cuelgan a cada lado seis borlas de lo misma .	
Arciprestes, decanos y vicarios Los arciprestes, decanos o vicarios usan un sombrero de sable acompañado de un cordón con dos borlas de lo mismo a cada lado. Estas dos borlas pueden colgar de un nodo central y caer una al lado de la otra, o pueden estar dispuestas una encima de la otra.	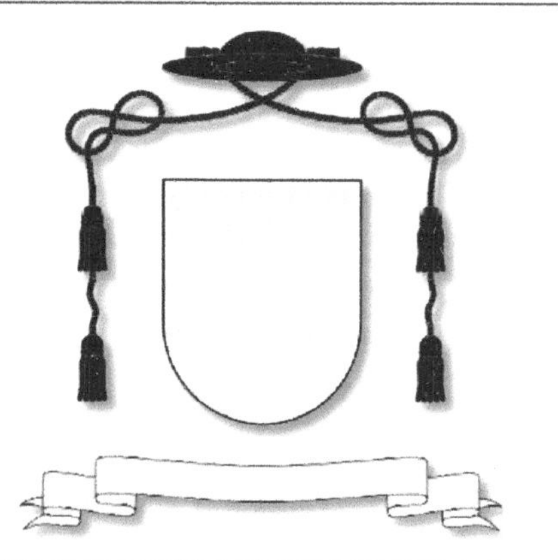

Sacerdotes Todos los sacerdotes pueden usar un sombrero de sable, con un cordón con una borla de lo mismo en cada lado.	
Canónigos La insignia heráldica de los canónigos es el sombrero de sable con tres borlas de lo mismo a cada lado. Los canónigos de los capítulos privilegiados utilizan la insignia heráldica correspondiente a los privilegios otorgados a su capítulo. Por ejemplo, ciertos capítulos denominados *mitrados* debido a que sus canónigos usaban la mitra durante las ceremonias importantes, estamparon su escudo con una mitra. Los miembros de los capítulos que poseen colectivamente un título nobiliario, como los ***canónigos condes***, pueden al mismo tiempo estampar sus armas personales con la corona correspondiente. Por otro lado, las coronas que representan a la nobleza hereditaria y familiar no pueden, en teoría, ser usadas por personas eclesiásticas individuales.	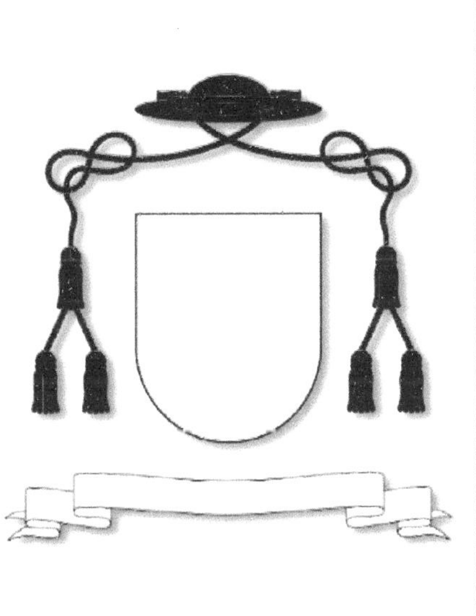

Capellanes militares La tradición otorga a los capellanes militares, como los capellanes de los ejércitos pontificios, el sombrero de sable, con un cordón entretejido con hilos de oro, con una borla a cada lado. Este uso todavía se sigue en España	
Diáconos Después del Concilio Vaticano II el diaconado se convierte en una orden permanente, y para algunos heraldistas pueden presentar un simple capelo de sable sin cordones ni borlas, propios del orden sacerdotal. Pero oficialmente en la Iglesia Católica no hay ningún adorno heráldico externo para el diácono de rito latino.	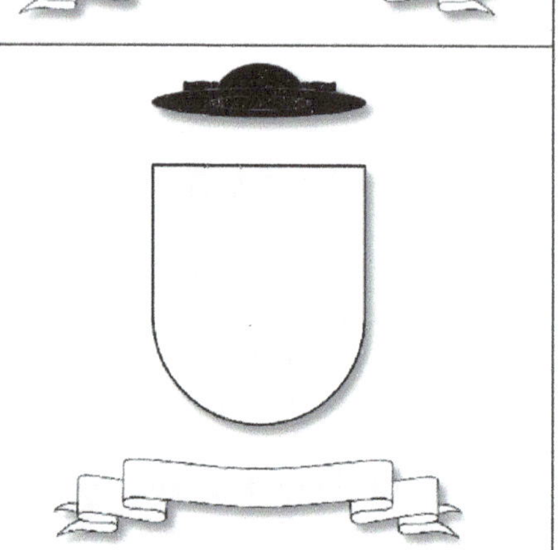

i) Laicos religiosos

HERÁLDICA LAICOS RELIGIOSOS	
Abadesas Las abadesas tienen un escudo de diamante (símbolo de la virginidad) u oval, rodeado de un rosario de sable, sin mitra. Las abadesas que han recibido la bendición de la abadía utilizan el báculo vuelto a la diestra acolado y lo usan en las principales ceremonias corales.	

<table>
<tr>
<td>

Laicos religiosos

Los religiosos, hermanos o hermanas laicos, tienen derecho a rodear sus escudos de armas con el **rosario**, signo distintivo de los religiosos. Es el caso de los religiosos profesos de la **Soberana Orden de Malta**, cuyo escudo, colocado en la cruz de la orden, está rodeado por el rosario.

</td>
<td></td>
</tr>
</table>

6. *Referencias normativas heráldicas de algunos pontífices*

- ***San Simaco** (450-514):* Introdujo la primera corona en la Tiara pontificia
- ***San León IX** (1002-1054):* Se extiende el uso de la mitra a los Obispos.
- ***Alejandro II** (¿? - 1073):* Se extiende el uso de la mitra a los Abades.
- ***Inocencio III** (1161-1216):* Prohibición a los arzobispos de ejercer como tales hasta no haber recibido el *palium*.
- ***Inocencio IV** (1185-1254):* En el Concilio de Lyon en 1245 otorga a los Cardenales el uso del capelo o sombrero de color rojo y sus cordones.
- ***Bonifacio VIII** (1230-1303):* Introduce la segunda corona o *birregnum* a la Tiara pontificia, y permite a los Cardenales vestirse de rojo (púrpura cardenalicia).
- ***Benedicto XI** (1240-1304):* Introduce la tercera corona ducal en la Tiara Pontificia
- ***Juan XXII** (1249-1334):* Fue el primero en usar la Tiara pontificia como ornamento externo de su blasón y las llaves en aspa.
- ***Clemente IV** (1190-1268):* Introduce restricciones en el uso y configuración de la mitra en su colocación en los blasones para Abades, Canónigos y Prelados no Obispos.
- ***Pablo II** (1417-1471):* Por privilegio de 1446 los cardenales empiezan a usar el birrete rojo sin adornos.
- ***León X** (1475-1521):* Promulga una Bula donde se considera la dignidad religiosa como un estado superior a la nobleza y se prohíbe el uso de coronas en los blasones que indiquen nobleza familiar.

- ***Gregorio XIV** (1535-1591):* Se extiende el privilegio de uso del birrete cardenalicio a los Cardenales procedentes del clero secular.
- ***Inocencio X*** (1574-1655): Prohíbe timbrar los blasones eclesiásticos con coronas gentilicias o con símbolos temporales. En caso de incumplimiento se producía la excomunión automática.
- ***Pio VI*** (1717-1799): Se establece la costumbre de fijar para los capelos el número de borlas según la dignidad eclesial.
- ***Gregorio XVI*** (1765-1846): En 1832 se legaliza el uso de los cordones y borlas por Decreto de la Sagrada Congregación de Ceremonias.
- ***Pio IX*** (1792-1878): Concede a los Obispos el uso del birrete, pero de color morado.
- ***Pio X*** (1835-1914): Consolida las reglas que controlan y establecen un orden sobre los sombreros eclesiásticos y sus complementos.
- ***Benedicto XV*** (1854-1922): Concede a las Archidiócesis con categoría de principado o cualquier título nobiliario, el derecho a portar en sus blasones el emblema de rango y el de su título nobiliario.
- ***Pio XI*** (1857-1939): Por Constitución Apostólica *Ad Incrementum Decoris* de 15 de agosto de 1934 establece un cuerpo legislativo heráldico eclesiástico.
- ***Pio XII*** (876-1958): Prohíbe la ostentación simultánea de los emblemas eclesiásticos y los correspondientes a la nobleza.
- ***Pablo VI*** (1897-1978): Impone normas sobre la sencillez en las vestimentas, títulos e insignias de los Cardenales, Obispos y Prelados de órdenes menores, y prohíbe el uso heráldico de mitras y báculos que acompañan a la cruz y el capelo. Quedan abolidas las denominaciones de Mayordomo de su Santidad (se sustituye por Prefecto del Palacio Apostólico), Prelados Domésticos (se sustituye por Prelado de Honor), Camareros y Capellanes de Secretos (se sustituye por Capellanes de Su Santidad).

7. El Cabildo Catedral y su heráldica

El Cabildo Catedral (del latín *capitulum* o *capitellum*) es un colegio de clérigos con personalidad jurídica y autoridad normativa, instituido con la finalidad de ayudar al obispo con su consejo y, en caso de sede vacante, sustituirlo en el gobierno de la Diócesis y si la Santa Sede no ha designado administrador apostólico. La creación y disolución de los Cabildos Catedral es potestad del Sumo Pontífice y se componen de un canónigo y varias dignidades, pudiendo ser numerarios o no numerarios. En aquellas localidades donde no existe una catedral pero si existe un Colegio de Clérigos, entonces se la llama Cabildo Colegial y tienen por funciones las mismas que un Cabildo Catedral.

El origen de los Cabildos hay que remontarlo a mediados del siglo XI y sus competencias se establecieron en el siglo XIII como ayuda al Obispo en el gobierno de la Diócesis, suplirlo cuando sea necesario, elegir al sucesor o atender al culto catedralicio. Las dignidades y sus denominaciones variaron en número de unos cabildos a otros, aunque el presidente del mismo solía llamarse Prioste o Deán. De los canónigos, los de mayor prestigio e importancia eran los que ocupaban las llamadas canonjías de oficio (magistral, doctoral, lectoral y penitenciaria). Los Racioneros solían dividirse en racioneros enteros y medio racioneros. Además, existía un personal auxiliar, heterogéneo y de número variable, formado por clérigos y seglares, que atendían las necesidades del culto y cubrían las tareas de asistencia a la catedral, tales como capellanes, bachilleres, chantres, niños del coro, lampareros, organistas, etc.

La regulación de la vida de los cabildos, desde su creación, se realizaba en base a unas constituciones y ordenanzas, aunque será después del Concilio de Trento cuando se reglamenten de forma fehaciente. A las reuniones colegiadas, llamadas juntas y cabildos, de los capitulares se encargaban del buen gobierno de la catedral, presididas al principio por el prelado y, más tarde, por el Deán, y dichas reuniones podían ser extraordinarias y ordinarias y estas, a su vez, plenos o plenarias, a las que debían asistir todos, y de dignidades y canónigos, que eran las más corrientes.

En cuanto al término Cabildo Metropolitano lo establece la Iglesia Católica en referencia al órgano ejecutivo eclesiástico que se sitúa en una ciudad, encargado del cuidado y gobierno de las iglesias mayores de la misma, es decir, catedrales y concatedrales, en sus aspectos litúrgicos, preparación y ejecución de los presupuestos y de todas aquellas tareas que les sean encomendadas por la Diócesis a la que pertenezcan. Los Cabildos Metropolitanos se componen de un Deán, que actúa como presidente, el Arcediano, el Chantre, el Maestre y el Tesorero, y junto con ellos, las canonjías, compuestas por canónigos, diáconos y subdiáconos, y en algunos casos, los capellanes. Cuando en una ciudad sólo existe Iglesia Mayor, normalmente la función de Cabildo Metropolitano la ejerce el Cabildo Catedral.

En lo que la heráldica catedralicia y sus cabildos se refiere, mantienen su forma tradicional circular u ovalada, propia de los escudos eclesiásticos, aunque es cierto que muchas versiones se suelen representar en otras formas del escudo, y todos suelen estar timbrados de corona real, ya que como catedrales, por extensión, todas son Basílicas Menores.

8. Símbolos del Estado Vaticano

Escudo del Estado de la Ciudad del Vaticano

El Blasón eclesiástico representa las armas temporales y el timbrado representa la dignidad del poseedor, la cual puede evolucionar con el paso del tiempo.[55] En 1166 el Papa *Alejandro III* decretó y determinó que todos los documentos que se remitiesen a la corte pontificia debían estar debidamente sellados, careciendo de valor legal los que no lo estuviesen, lo que obligó a todas las diócesis y conventos a emplear el uso del sello con sus armas particulares en la identificación de los documentos.

En el siglo XIV el uso del timbre eclesiástico se extendió también a las personas que regían esas diócesis y conventos, y así desde el año 1300 los arzobispos, obispos, patriarcas, prelados, abades, priores, así como las catedrales, cabil-dos, colegios, monasterios y rectorados, fueron incluyendo sellos que, más que armas, incluían al santo de la devoción. Más tarde fue necesario distinguir la dignidad eclesiástica de quien emitía el documento y así se valió de varios elementos litúrgicos, sobre todo el sombrero o capelo, así como los laicos se valían del casco o la corona.

Bandera actual del Estado de la Ciudad del Vaticano desde 1929

La heráldica papal tiene un especial tratamiento desde 1930 donde en distintas obras[56] se concluía que la Iglesia no debía usar la denominación *"escudo de armas"*, ya que estas no son su misión, aunque ha quedado en algunos casos el eco de la época en que los pontífices debían, además, enfrentar luchas armadas en contra de sus enemigos terrenales. Actualmente el *Instituto Aráldico Romano* ha desaparecido, y ha sido sustituido por la *Academia Augustea de Heráldica,* con lo que hoy carece de

[55] Un sacerdote tendrá determinado timbrado, y al ser consagrado cardenal adquirirá otro timbrado, pudiendo conservar las mismas armas.

[56] Donald Lindsay Galbreath, *Papal Heraldry* (1930); Monseñor Bruno Bernard *Heins Contunes et droit Heraldique de l´eglise* (1949)

una oficina heráldica desde que el Papa *Pablo VI* suspendió la concesión de títulos nobiliarios pontificios. [57]

Las llaves entrecruzadas (decusatas) encima de las cuales se sitúa la tiara sobre fondo rojo, tiene una simbología extraída del Evangelio y está representada por las llaves entregadas por Cristo al apóstol Pedro. Los emblemas son rojos, con las dos llaves en forma de cruz de San Andrés, una de oro y la otra de plata, con los paletones en lo alto, dirigidos hacia los lados del escudo. De las empuñaduras penden dos cordones con cintas generalmente rojas o azules.[58] Encima del escudo se sitúa la tiara pontificia. La mayoría de los escudos eclesiásticos no se ajustan a las leyes del blasón, incluso muchos de ellos corresponden al puro capricho del interesado.

Cadenas y Vicent [59] apunta que la composición de las armas eclesiásticas se debe ordenar dejando el cuartel de honor para los de la silla episcopal a que pertenece, si es que las posee. La segunda partición, de haberlas, a las armas familiares o en su defecto o deseo, a las de su ideal. En el caso de los cuartelados, el primer y cuarto cantón debe dedicarse a las armas de la silla, el segundo cuartel a las propias y el tercero reservado a los del ideal. No obstante, lo fundamental en un escudo eclesiástico consiste en diferenciar nítidamente la dignidad del poseedor a través de una descripción del timbrado característico usado por la jerarquía eclesiástica.

En la heráldica se establece que no deben mezclarse entre sí metales, colores o pieles, sin embargo, en el ***escudo del Estado Vaticano*** la transgresión es clara, ya que *"el fondo del escudo*

Banderas históricas de los Estados Pontificios

1745 a 1803

1803 - 1825

1825 a 1870

1862 a 1870

---

57 Sólo en el Servicio de Información Vaticano aparecen cortas descripciones a cerca de los símbolos estatales, los cuales así fueron dispuestos en la Constitución del año 2000.

58 Símbolo de unión (atadura) de los poderes temporal y espiritual.

59 Cadenas y Vicent, Vicente, Fundamentos de Heráldica, Instituto Salazar y Castro, Madrid, pág. 62

es rojo, color de los papas, al igual que el cordón que enlaza las dos llaves que ocupan el primer plano. El cordón figura como símbolo del papado y las llaves representan a San Pedro. Una de estas llaves es de oro, amarilla, como alegoría a la nobleza, y otra de plata, blanca, aludiendo a la pureza. Dos metales en un mismo escudo. Esta combi-nación de colores vuelve a aparecer en otros elementos, como la bandera del Estado de la ciudad del Vaticano." [60]

La tiara plateada culmina con una cruz dorada. La cruz, nuevo testamento, por encima de todo, y en este caso de la tiara, que recuerda a la que portaban los sacerdotes del antiguo judaísmo. El oro se utiliza, además, en las tres coronas que se observan rodeando el cono papal. Estas simbolizan los oficios del Santo Padre: sacerdote, profeta y rey. El Papa es vicario de Jesucristo y, por lo tanto, puede administrar los sacramentos, enseñar y divulgar la palabra de Dios y gobernar. Estas coronas también son imagen del vínculo del papado con la Santísima Trinidad. Al ser tres queda claro el poder de los pontífices que se sitúa por encima de la de cualquier rey, y al aparecer unidas a la tiara, se subraya la coincidencia de poderes temporal y espiritual en la figura del Papa. Las ínfulas de la tiara envuelven las llaves de San Pedro, asemejando cerraduras y combinan una vez más el amarillo y el blanco, en su fondo y en las cruces. Las llaves y la tiara se utilizan como símbolo papal al menos desde el siglo XIII.

Los colores de la ***bandera del Vaticano*** fueron elegidos por *Pio VII* y adoptados oficialmente en 1825. En 1808 los ejércitos de Napoleón absorbieron las fuerzas papales, a raíz de lo cual el Papa decidió que era necesario disponer de una nueva enseña, en este caso amarilla y blanca, a partes iguales, quedando adoptada oficialmente en el año 1825.

En 1825 el abad *Luca Antonio Benedettalla* escribió que el *"el Papa, para no confundir a los soldados romanos que están bajo el comandante francés con los pocos que han quedado a su servicio, ha ordenado la nueva insignia amarilla y blanca. La Han adoptado los guardias nobles y los suizos. La cosa es querida."* [61] El 16 de marzo de 1808 el Papa *Pio VII* comunicó *"por escrito tal disposición al Cuerpo Diplomático, y el respectivo documento se considera como el acta de nacimiento de los colores de la actual madera del Estado de la Ciudad del Vaticano."* [62] La elección del blanco y amarillo recoge una antigua tradición según la cual el oro y la plata simbolizan las llaves del Reino que custodia San

---

[60] Diaz Bonilla, Manuel Alonso. *Organización ceremonial y protocolo en la Iglesia Católica*, Colec. Ceremoniales, Edit. Protocolo, Madrid 2002, pág. 125-127

[61] Aci Prensa. *La historia de los colores de la bandera Vaticana. Sepa por qué es blanca y amarilla,* Artículo publicado en *L'Osservatore Romano,* Claudio Ceresa. el 26 de julio de 2012.

[62] Ibidem.

Pedro, y que en la antigüedad eran entregadas al Pontífice cuando este asumía la sede de Roma en la Archibasílica Lateranense. [63]

En versiones de gala e interiores, la bandera puede estar adornada con unos flecos dorados en su perímetro. El asta puede llevar un coronamiento en forma de punta de lanza. La escarapela se ubica en el remate del asta y lleva los colores de la bandera (amarillo y blanco).

Los Estados Pontificios se disolvieron en 1870 cuando se los anexiona Italia, limitando la jurisdicción del papado al Vaticano, donde permanecieron los pontífices voluntariamente a modo de prisioneros, al tiempo que protestaba por la ocupación italiana. En 1929 el Vaticano recupera su autonomía y se le reconoce su soberanía en virtud de los Pactos Lateranenses firmados el 25 de febrero, rehabilitando su bandera oficialmente el 8 de junio de 1929.

El Estado Vaticano cuenta también con una *Constitución* promulgada por el Papa *Juan Pablo II* el 26 de octubre de 2000, fiesta de la solemnidad de Nuestro Señor Jesucristo. Bandera, escudo y sello del Estado Vaticano están reglamentados en el artículo 20 de la Constitución de 26 de octubre. La bandera se describe como un paño dividido en amarillo del lado del asta y blanco, en cuyo centro están situadas las llaves entrecruzadas (decusatas) con la tiara superpuesta. [64]

La descripción del ***sello de la ciudad de Vaticano*** es la siguiente: un círculo y en la parte central con las llaves entrecruzadas (decusatas) y colocadas bajo la tiara, enmarcado por cuatro círculos concéntricos de los cuales, el externo con perlas de dos en dos, y encerrando el epígrafe: ESTATO DELLA CITTA DEL VATICANO, con el principio al final de la parte inferior, separados por la estrella centrada con ocho puntas.

Sello del Estado de la Ciudad del Vaticano

El Papa *Pio XII* aprueba el 16 de octubre de 1949 el ***himno Marcha Pontificia***, com-

---

[63] Vaticano. *Oficina de Prensa de la Santa Sede* 26 de julio de 2012.; Estado de la Ciudad del Vaticano. *Bandera pontificia* 26 de julio de 2012.

[64] *Ley Fundamental del Estado de la ciudad del Vaticano* del 26 de octubre de 2000. *Acta Apostolicae Sedis*, Suplemento 1/2/2001, Anexo A. El sello en el Anexo C

puesta por el músico católico francés *Charles Gounod* (1818-1893). [65]

9. La Guardia Suiza. Símbolos y heráldica

La ***Guardia Suiza*** (*Custodes Helvetici, Guardia Svi-zzera*) es un cuerpo militar encargado de la seguridad de la Ciudad del Vaticano, del Sumo Pontífice y de la Santa sede,[66] y está compuesta por unos cien soldados, todos varones: el *Comandante*, con el rango de coronel, que es la máxima autoridad del cuerpo militar, *Vicecomandante de la Guardia Suiza* y un *capellán, teniente coronel,* un oficial con el grado de comandante, dos oficiales de rango de *capitán*, 23 mandos intermedios *suboficiales*, 70 *alabarderos* y dos *tamborileros*. Su sede la tienen en el cuartel ubicado frente al Palacio Apostólico Pontificio, y según el Tratado de Letrán, se estableció que será la Policía Italiana, junto con la Guardia Suiza y los Servicios Vaticanos de Seguridad, la que custodie la plaza de San Pedro. La defensa de la Ciudad del Vaticano es proporcionada por Italia. El jefe ceremonial de la Guardia Suiza es el Papa, soberano de la Ciudad del Vaticano.

Guardia Suizo

El origen de este cuerpo se remonta al siglo XVI cuando el Papa *Sixto IV* firma una alianza previa con la Confederación Suiza para construir cuarteles en *"Vía Pellegrino"* en previsión de la posibilidad de contratar mercenarios suizos. El pacto fue renovado por *Inocencio VIII* para usarlos contra el duque de Milán. El Papa *Alejandro VI* los usó durante la alianza con el rey de Francia, aunque durante la época de los Borgia se inician las guerras italianas en las que los mercenarios suizos tenían un papel puramente accesorio en el frente. Fueron reclutados cuanto se sospechaba que el rey *Carlos VIII* de Francia planeaba una guerra en contra de Nápoles y entre cuyos participantes se encontraba el cardenal *Giulliano della Rovere*, el futuro *Julio II,* que tres años después de asu-

[65] Actualmente el Himno Pontificio es interpretado por la banda civil en ocasiones solemnes de la vida del Estado, en ceremonias presididas por el Sumo Pontífice o un representante suyo.
[66] Otro cuerpo de guardias de origen suizo se encargó también de la seguridad del palacio de Versalles (Francia) durante el reinado de Luis XVI.

mir el pontificado crea la Guardia Suiza oficialmente el 21 de enero de 1506, al solicitar a los nobles suizos soldados para su protección y formar una compañía de 1506 hombres, precisamente por la reputación que estos mercenarios se habían ganado en las Guerras de Borgoña.

El Papa Julio II crea la Guardia Suiza el 21 de enero de 1506

En la historia de este cuerpo se han dado hitos que los han inmortalizado por su bravura, siendo el más significativo el ocurrido el 6 de mayo de 1527 cuando se enfrentaron, durante el saqueo de Roma, a las tropas del Emperador Carlos I compuestas de diez mil *lansquenetes*, entre cinco y seis mil soldados españoles y un grupo irregular de italianos, todos capitaneados por el Condestable *Carlos de Borbón*. Los guardias suizos lucharon ante la basílica de San Pedro y siguieron combatiendo mientras retrocedían hasta los escalones del altar mayor. Sobrevivieron solo 42 de los 189, formando un círculo alrededor del Papa *Clemente VII* lo que permitió que escapara por un pasaje llamado *Passetto di Borgo* que conduce al *Castillo de Sant´Angelo.* El capitán de la guardia busco refugio en su casa donde fue asesinado delante de su esposa por solados españoles. En conmemoración de este episodio, cada 6 de mayo los nuevos alabarderos juran sus cargos ante el Papa y se nombran los ascensos de rango.

Bandera de la Guardia Suiza con el escudo del pontífice actual y de Julio II

Escudo del cuerpo de la Guardia Suiza.

Además del entrenamiento en procedimientos y manejo de armas modernas, del manejo de la espada y la alabarda, reciben lecciones de autodefensa, así como instrucción básica en tácticas defensivas de guardaespaldas similares a las utilizadas en la protección de muchos jefes de Estado. Los reclutas deben ser varones solteros, estatura mínima de 1,74, entre 19 y 30 años, con título profesional o grado de secundaria, de fe católica, con ciudadanía suiza y haber cumplido la instrucción básica en las Fuerzas Armadas Suizas y obtener el certificado de buena conducta. Pueden casarse si prorrogan su enrolamiento por dos años más, siendo necesaria la aprobación del capellán.

La bandera porta en la parte inferior las armas de *Julio II,* en la superior las del papa actual y en el centro las armas de su comandante.

En cuanto al uniforme fue diseñado por el comandante de la Guardia, *Jules Répond* (1910-1921) inspirándose en los frescos de Rafael. Los colores corresponden a la librea, basado en el escudo de la *Casa de Della Rovere,* a la que pertenecía el Papa *Julio II*: el morrión, ornado con una pluma roja o blanca según el grado o rango, los guantes blancos, la coraza de reminiscencia medieval, y el morrión negro o en metal, similar al que llevaban los españoles en el siglo XVI. Llevan calzas a las piernas, sujetas a la altura de la rodilla por una liga dorada cubiertas por polainas, según la ocasión y el clima. El uniforme expresa, simbólicamente, la alegría de combatir al servicio del Papa, y el color rojo simboliza la sangre derramada en defensa del papado.

El color rojo fue introducido por el Papa *León X* haciendo referencia a los Médici. El uniforme bermejo de los oficiales está inspirado en el que usaban los guardias del Imperio español durante el reinado de *Felipe II,* y van armados de alabarda y espada ropera, aunque cuando prestan servicio añaden las armas modernas de infantería (pistola, ametralladora, subfusiles y fusiles de asalto), así como explosivos con los que llevan a cabo alto entrenamiento profesional y táctica militar.

Pontífices de la Iglesia Católica desde Inocencio III hasta Francisco y su Heráldica

INOCENCIO III (1161 - 1216)

Lothario dei Conti di Segni
Pontificado (1198-1216)

De gules, un águila exployada jaquelada de sable y oro, picada y armada de oro (armas de los condes de Segni). Timbre de tiara pontificia con una sola corona (*regnum*).

Convoca el IV Concilio de Letrán.

HONORIO III (1148 - 1227)

Cencio Savelli
Pontificado (1216-1227)

De gules, dos bandas de oro, en jefe de plata, dos leones afrontados de gules, sosteniendo una rosa sumada de una paloma, ambos de gules, sostenidos por un filete de sinople (armas de los Savelli). Timbre de tiara pontificia con una sola corona (regnum)

Inicio de la IV Cruzada

GREGORIO IX (1170 – 1241)

Ugolino dei Conti di Segni
Pontificado (1227-1241)

De gules, un águila exployada jaquelada de sable y oro, picada y armada de oro (armas de los condes de Segni). Timbre de tiara pontificia con una sola corona (regnum).

Canoniza a Isabel de Hungría en 1235. Inicia la Inquisición en Francia.

CELESTINO IV (¿? – 1241)

Goffredo Castiglioni
Pontificado (1241-1241)

De gules, un león de plata sosteniendo en su pata siniestra una torre mazonada y aclarada de sable (armas de los Castiglioni). Timbre de tiara pontificia con una sola corona (*regnum*).

Muerto antes de se coronación. Primer Papa en ser elegido por la votación del tradicional cónclave (*Cum Clavis*)

INOCENCIO IV (1185 - 1254)

Sinibaldo Fieschi
Pontificado (1243-1254)

Bandado de plata y azur (armas de los Fieschi). Timbre de tiara pontificia con una sola corona (*regnum*).

ALEJANDRO IV (1199 - 1261)

Ronaldo dei Conti di Segni
Pontificado (1254-1261)

De gules, un águila exployada jaquelada de sable y oro, picada y armada de oro (armas de los condes de Segni). Timbre de tiara pontificia con una sola corona (*regnum*).

URBANO IV (1185 - 1264)

Jacques Pantaleón
Pontificado (1261-1254)

Cuartelado: 1º y 4º, de azur, una flor de lis de oro; 2º y 3º, de plata, Una rosa de gules. Timbre de tiara pontificia con una sola corona (*regnum*).

CLEMENTE IV (1202 - 1268)

Gui Faucoi
Pontificado (1265-1268)

Bandado de plata y azur (armas de los Fieschi). Timbre de tiara pontificia con una sola corona (*regnum*)

GREGORIO X (1210 – 1276)

Tebaldo Visconti
Pontificado (1271-1276)

De azur, en jefe enclavado de 4 piezas de oro. Timbre de tiara pontificia con una sola corona (*regnum*).

INOCENCIO V (1225 – 1276)

Pierre de Tarentaise
Pontificado (1276)

De oro, dos vergetas de azur cargadas de nueve flores de lis de azur puestas en 3, 3 y 3. Timbre de tiara pontificia con una sola corona (*regnum*).

Orden de los Dominicos

ADRIANO V (1205 – 1276)

Ottobuono Fieschi
Pontificado (1276)

Bandado de plata y azur (armas de los Fieschi). Timbre de tiara pontificia con una sola corona (*regnum*).

JUAN XXI (1215 – 1277)

Joao Pedro Juliao
Pontificado (1276-1277)

Cuartelado: 1º y 4º, de plata, con tres crecientes de gules; 2º y 3º, de sable, con dos palos de oro. Timbre de tiara pontificia con una sola corona (regnum)

Único Papa portugués

NICOLAS III (1215 - 1280)

Giovanni Gaetano Orsini
Pontificado (1277-1281)

Bandas de gules y plata, sostienen una banda de oro cargada de una anguila sinuosa de azur, el jefe de plata cargado de una rosa de gules (armas de los Orsini). Timbre de tiara pontificia de una sola corona (*regnum*)

MARTIN IV (1220 - 1285)

Simón de Brión
Pontificado (1281-1285)

De plata, una banda verada invertida de oro y gules. Timbre de tiara pontificia con una sola corona (*regnum*).

HONORIO IV (1210 – 1287)

Giacomo Savelli
Pontificado (1285-1287)

De gules, dos bandas de oro, jefe de plata con dos leones afrontados sosteniendo una rosa sumada de una paloma posada, todo de gules, sostenido de filete de sinople (armas de la familia Savelli). Timbre de tiara pontificia de una sola columna (*regnum*).

Protagonizó una de las elecciones más rápidas de toda la historia del papado, ya que es ordenado sacerdote el 19 de mayo y coronado Papa al día siguiente.

NICOLAS IV (1227 – 1292)

Girolamo Masci
Pontificado (1288-1292)

De plata, una banda de azur acompañada de dos estrellas de lo mismo, una en jefe y otra en punta, el jefe de azur con tres flores de lis de oro en faja. Timbre de tiara pontificia con una sola corona (*regnum*)

CELESTINO V (1215 - 1296)

Girolamo Masci
Pontificado (1294)

De oro, un león rampante de azur, brochante una banda de gules. Timbre de tiara pontificia con una sola corona (*regnum*)

Después de cinco meses y nueve días de pontificado, renuncia el 13 de diciembre de 1294

BONIFACIO VIII (1235 - 1303)

Benedetto Gaetani
Pontificado (1294-1303)

De oro, dos bandas gemelas onduladas de azur (armas de la familia Gaetani). Timbre de tiara pontificia con doble corona (*birregnum*).

Introduce la segunda corona o *birregnum* a la tiara pontificia, y permite a los Cardenales vestirse de rojo (púrpura cardenalicia).

BENEDICTO XI (1240 - 1304)

Nicolás Boccasini
Pontificado (1303-1304)

Partido de plata y sable (arma de los dominicos). Timbre de tiara pontificia coronada de tres (*trirregnum*).

Introduce la tercera corona en la tiara pontificia. Pertenecía a la Orden de los Dominicos

CLEMENTE V (1264 - 1314)

Bertrand de Got
Pontificado (1305-1314)

De oro con tres fajas de gules. Timbre de tiara pontificia coronada de tres (*trirregnum*).

Durante su pontificado se suprime la Orden de los Templarios a través de la Bula *Vox in excelso*. Convoca el Concilio de Vienne (1311-1312). Traslada la sede pontificia a Aviñón.

JUAN XXII (1244 - 1334)

Jacques Duéze
Pontificado (1316-1334)

Cuartelado, 1º y 4º de oro, un león rampante de azur acompañado por doce besantes de gules puestos en orla, 2º y 3º, de gules, tres fajas de oro. Timbre de tiara pontificia con triple corona (*trirregnum*) con las llaves de plata y oro cruzadas.

Fue el primero en usar la Tiara pontificia como ornamento externo de su blasón y las llaves en aspa.

BENEDICTO XII (1280 - 1342)

Jacques Fournier
Pontificado (1335-1342)

De plata, una bordura de gules. Timbre de tiara pontificia con triple corona (*trirregnum*) con las llaves de plata y oro cruzadas.

CLEMENTE VI (1291 - 1352)

Pierre Roger de Beaufort
Pontificado (1342-1352)

De plata, una banda de azur acompañada de seis rosas de gules botonadas de oro, tres en jefe y tres en punta. Timbre de tiara pontificia con triple corona (*trirregnum*) con las llaves de plata y oro cruzadas.

Durante su pontificado tuvo lugar la pandemia de la peste negra (1347-1351) y la exposición en 1346 la exposición de los derechos naturales inherentes a toda persona.

INOCENCIO VI (1282 - 1362)

Étienne Aubert
Pontificado (1352-1362)

De gules, un león de oro armado y linguado de azur, brochante una banda de azur y en jefe, de gules, tres vieiras de plata, sostenido por una faja en divisa de azur. Timbre de tiara pontificia con triple corona (*trirregnum*) con las llaves de plata y oro cruzadas.

URBANO V (1310 – 1370)

Gillaume de Grimoard
Pontificado (1362-1370)

De gules, un jefe encajado de oro de cuatro piezas. Timbre de tiara pontificia con triple corona (*trirregnum*) con las llaves de plata y oro cruzadas.

Perteneció a la Orden de los Benedictinos

GREGORIO XI (1330 – 1378)

Pierra Rogert de Beaufort
Pontificado (1371-1378)

De plata, una banda azur acompañada de seis rosas de gules abotonadas de oro, tres en jefe y tres en punta. Timbre de tiara pontificia con triple corona (*trirregnum*) con las llaves de plata y oro cruzadas.

Durante su pontificado, el 17 de enero de 1377 se traslada la corte pontificia definitivamente a Roma

URBANO VI (1318 – 1389)

Bartolomé Prignano
Pontificado (1378-1389)

De oro un águila exployada de azur. Timbre de tiara pontificia con triple corona (*trirregnum*) con las llaves de plata y oro cruzadas.

Fue el primer Papa italiano después de casi 70 años del periodo del papado de Aviñón, y el último elegido sin ser previamente cardenal.

CLEMENTE VII (1342 – 1394)

Robert de Genevé
Pontificado (1378-1394)
Antipapa

Equipolado de oro y azur. Timbre de tiara pontificia con triple corona (*trirregnum*) con las llaves de plata y oro cruzadas.

Elegido Papa por los cardenales opositores a Urbano VI, convirtiéndose en el primer antipapa del Cisma de Occidente

BONIFACIO IX (1356 - 1404)

Piero Tomacelli
Pontificado (1389-1404)

De gules, una banda jaquelada de plata y azur (armas de los Tomacelli). Timbre de tiara pontificia con triple corona (*trirregnum*) con las llaves de plata y oro cruzadas.

BENEDICTO XIII (1328 - 1423)

Pedro Martínez de Luna y
Pérez de Goto
Pontificado (1394-1417)
Antipapa

Cortado de gules, con un creciente ranversado de plata De oro un águila exployada de azur. Timbre de tiara pontificia con triple corona (*trirregnum*) con las llaves de plata y oro cruzadas.

Condenado en el Concilio de Constanza (1415) como hereje y antipapa, y depuesto junto con el antipapa Juan XXII.

INOCENCIO VII (1336 - 1406)

Cosimo de Migliorati
Pontificado (1404-1406)

De oro, una banda de azur cargada con un cometa de oro y acompañada de dos cotizas de azur. Timbre de tiara pontificia con triple corona (*trirregnum*) con las llaves de plata y oro cruzadas.

GREGORIO XII (1326 - 1417)

Ángelo Correr
Pontificado (1406-1415)

Escudo opuesto de plata y azur. Timbre de tiara pontificia con triple corona (*trirregnum*) con las llaves de plata y oro cruzadas.

Renunció a favor de Martín V en el Concilio de Constanza el 4 de julio de 1415.

ALEJANDRO V (1340 - 1410)

Pietro Filargo
Pontificado (1409-1410)
Antipapa

De azur, un sol figurado de siete rayos ondulantes de oro que intercalan siete estrellas de oro de ocho puntas. Timbre de tiara pontificia con triple corona (*trirregnum*) con las llaves de plata y oro cruzadas.

JUAN XXIII (1370 - 1419)

Baldasarre Cossa
Pontificado (1410-1415)
Antipapa

Cortad o, 1ºde gules, con una pierna de carnación, 2º de púrpura con tres bandas de plata. Bordura dentada de oro. Timbre de tiara pontificia con triple corona (*trirregnum*) con las llaves de plata y oro cruzadas.

Despuesto en el Concilio de Constanza el 29 de mayo de 1415 acusado de hereje, simonía, asesinato, violación, sodomía e incesto, siendo encarcelado.

MARTÍN V (1369 - 1431)

Oddone Colonna
Pontificado (1417-1431)

De gules, una columna de plata coronada de oro (armas de los Colonna). Timbre de tiara pontificia con triple corona (*trirregnum*) con las llaves de plata y oro cruzadas.

Elegido el 11 de noviembre de 1417 en el Concilio de Constanza al tiempo que deponen a los antipapas Juan XXIII y Benedicto XIII y se acepta la renuncia de Gregorio XII.

EUGENIO IV (1383 - 1447)

Gabriele Condulmer
Pontificado (1431-1447)

De azur, una banda de plata. Timbre de tiara pontificia con triple corona (*trirregnum*) con las llaves de plata y oro cruzadas.

Renunció a favor de Martín V en el Concilio de Constanza el 4 de julio de 1415.

FELIX V (1383 - 1451)

Amadeo de Saboya y Berri
Pontificado (1439-1449)
Antipapa

De gules una cruz de plata (armas del conde Saboya). Timbre de tiara pontificia con triple corona (*trirregnum*) con las llaves de plata y oro cruzadas.

Amadeo VIII de Saboya, conde de Saboya, conde de Aosta y Maurienne, duque de Saboya, príncipe del Piamonte, Papa y obispo de Ginebra y Lausana

NICOLAS V (1397 - 1455)

Tommaso Parantucelli
Pontificado (1447-1455)

De gules, dos llaves de platas puestas en sotuer y atadas a un cordón de plata. Timbre de tiara pontificia con triple corona (*trirregnum*) con las llaves de plata y oro cruzadas.

CALIXTO III (1378 - 1458)

Alfonso de Borja
Pontificado (1455-1458)

De oro, un buey pacente de gules en campiña de sinople, bordura de oro cargada de ocho racimos de hierba de sinople (armas de los Borja). Timbre de tiara pontificia con triple corona (*trirregnum*) con las llaves de plata y oro cruzadas.

En 1456 crea una comisión que anula el luicio que en 1431 había condenado a Juana de Arco declarándola inocente.

PIO II (1405 - 1464)

Eneas Silvio Piccolomini
Pontificado (1458-1464)

De plata, una cruz de azus cargada de cinco crecientes de oro (armas de los Piccolomini). Timbre de tiara pontificia con triple corona (*trirregnum*) con las llaves de plata y oro cruzadas.

PAULO II (1417 - 1471)

Pietro Barbo
Pontificado (1464-1471)

De azur, un león de plata con una cotiza de oro brochante sobre todo. Timbre de tiara pontificia con triple corona (*trirregnum*) con las llaves de plata y oro cruzadas.

SIXTO IV (1405 - 1464)

Francesco della Rovere
Pontificado (1471-1484)

De azur, un roble arrancado, hojado y frutado de oro (armas de los della Rovere). Timbre de tiara pontificia con triple corona (*trirregnum*) con las llaves de plata y oro cruzadas.

Orden franciscanos

INOCENCIO VIII (1432 - 1492)

Giovanni Battista Cybo
Pontificado (1484-1492)

De gules, una banda jaquelada de plata y azur, un jefe de plata con una cruz de gules (armas de los Cybo). Timbre de tiara pontificia con triple corona (*trirregnum*) con las llaves de plata y oro cruzadas.

ALEJANDRO VI (1431 - 1503)

Rodrigo Lanzol y de Borja
Pontificado (1492-1503)

Partido, 1º, de oro, con un buey pacente de gules en campiñña de sinople, bordura de oro cargada con ocho racimos de hierba de sinople, 2º, fajado de oro y sable (armas del ducado de Gandía). Timbre de tiara pontificia con triple corona (*trirregnum*) con las llaves de plata y oro cruzadas.

PIO III (1439 - 1503)

Francesco Nanni Todeschini Piccolomini
Pontificado (1503)

De plata, una cruz de azus cargada de cinco crecientes de oro (armas de los Piccolomini). Timbre de tiara pontificia con triple corona (*trirregnum*) con las llaves de plata y oro cruzadas.

Gobernó solo 26 días

JULIO II (1443 - 1513)

Giuliano della Rovere
Pontificado (1503-1513)

De azur, un roble arrancado, hojado y frutado de oro (armas de los della Rovere). Timbre de tiara pontificia con triple corona (*trirregnum*) con las llaves de plata y oro cruzadas.

LEÓN X (1475 - 1521)

Giovanni di Lorenzo de Medici
Pontificado (1513-1521)

De oro, seis roeles en orla, cinco de gules y en jefe uno de azur cargado de tres flores de lis de oro en 2 y 1 (armas de los Médici). Timbre de tiara pontificia con triple corona (*trirregnum*) con las llaves de plata y oro cruzadas.

Condenó las tesis de Lutero en 1520 por la Bula *Exsurge Domine*, que Lutero quemó públicamente, siendo excomulgado en 1521 por la Bula *Decet Romanum Pontificem.*

ADRIANO VI (1459 - 1523)

Adrian Floriszoon Boeyens
(Adriano de Utrech)
Pontificado (1522-1523)

Cuartelado: 1º y 4º, de oro, con tres trampas de lobos de sinople, 2º y 3º, de plata, con un león de sable coronado de oro.Timbre de tiara pontificia con triple corona (*trirregnum*) con las llaves de plata y oro cruzadas.

CLEMENTE VII (1478 - 1534)

Julio de Medici
Pontificado (1523-1534)

De oro, seis roeles en orla, cinco de gules y en jefe uno de azur cargado de tres flores de lis de oro en 2 y 1 (armas de los Médici). Timbre de tiara pontificia con triple corona (*trirregnum*) con las llaves de plata y oro cruzadas.

PAULO III (1468 - 1549)

Alejandro Farnesio
Pontificado (1534-1549)

De oro, seis flores de lis de azur puestas en 3, 2 y 1 (armas de los Farnesio).Timbre de tiara pontificia con triple corona (*trirregnum*) con las llaves de plata y oro cruzadas.

Convoca el Concilio de Trento el 13 de diciembre de 1545 hasta 1547

JULIO III (1487 - 1555)

Gianmaria Ciocchi del Monte
Pontificado (1550-1555)

De azur, una banda de gules perfilada de oro y cargada de tres montes de oro de tres cimas, acompañadas de dos guirnaldas de oro una en jefe y otra en punta. Timbre de tiara pontificia con triple corona (*trirregnum*) con las llaves de plata y oro cruzadas.

MARCELO II (1501 - 1555)

Marcello Cervini de Spannocchi
Pontificado (1555)

De azur, una cierva de oro acostada en una terraza de sinople acompañada de nueve espigas de trigo de oro dispuesta en abanico. Timbre de tiara pontificia con triple corona (*trirregnum*) con las llaves de plata y oro cruzadas.

PAULO IV (1476 - 1559)

Gian Pietro Carafa
Pontificado (1555-1559)

De gules con tres fajas de plata (armas de los Carafa). Timbre de tiara pontificia con triple corona (*trirregnum*) con las llaves de plata y oro cruzadas.

PIO IV (1499 - 1565)

Giovanni Angelo Médici
Pontificado (1559-1565)

De oro, seis roeles en orla, cinco de gules y en jefe uno de azur cargado de tres flores de lis de oro en 2 y 1 (armas de los Médici). Timbre de tiara pontificia con triple corona (*trirregnum*) con las llaves de plata y oro cruzadas.

PIO V (1504 – 1572)

Antonio Michele Ghislieri
Pontificado (1566-1572)

Bandas de oro y gules (armas de los Ghislieri). Timbre de tiara pontificia con triple corona (*trirregnum*) con las llaves de

GREGORIO XIII (1502 – 1585)

Ugo Buoncompagni
Pontificado (1572-1585)

De gules, un dragón de oro con el vuelo alzado, cercenado y ensangrentado (armas de los Buoncompagni). Timbre de tiara pontificia con triple corona (*trirregnum*) con las llaves de plata y oro cruzadas.

Impulso la renovación moral de la Iglesia e hizo cumplir de forma estricta las decisiones del Concilio de Trento, sobre todo la obligación de los obispos de residir en sus diócesis.

SIXTO V (1521 - 1590)

Félix Peretti
Pontificado (1585-1590)

De azur, un león de oro armado y lampasado de gules sosteniendo una rama de oro de tres piezas, una cotiza de gules cargada en jefe de una estrella de oro y en la base un monte de tres cimas de plara en dirección a la cotiza. Timbre de tiara pontificia con triple corona (*trirregnum*) con las llaves de plata y oro cruzadas.

Orden de los franciscanos

URBANO VII (1521 - 1590)

Giovanni Battista Castagna
Pontificado (1590)

Bandas de plata y gules, sosteniendo una divisa de oro, un jefe de gules, cargado de una rama de castaño de oro con fruto y hojas (armas de los Castagna). Timbre de tiara pontificia con triple corona (*trirregnum*) con las llaves de plata y oro cruzadas.

Su pontificado duro 13 días

GREGORIO XIV (1535 - 1591)

Niccoló Sfondrati
Pontificado (1590-1591)

Cuartelado: 1º y 4º, de oro, una banda enclavada de tres piezas de azur cargada de cotiza de plata y acompañada por dos estrellas de azur, una en jefe y otra en punta, 2º y 3º, de plata, un árbol arrancado de sinople y terrasado de lo mismo. Timbre de tiara pontificia con triple corona (*trirregnum*) con las llaves de plata y oro cruzadas.

INOCENCIO IX (1519 - 1591)

Gian Antonio Facchinetti
Pontificado (1591)

De plata, un nogal arrancado al natural. Timbre de tiara pontificia con triple corona (*trirregnum*) con las llaves de plata y oro cruzadas.

Su pontificado duro dos meses

CLEMENTE VIII (1536 - 1605)

Ippolito Aldobrandini
Pontificado (1592-1605)

De azur, una banda enclavada de oro de cuatro piezas, acompañada de tres estrellas de oro en jefe y tres en punta (armas de los Aldobrandini). Timbre de tiara pontificia con triple corona (*trirregnum*) con las llaves de plata y oro cruzadas.

LEÓN XI (1535 - 1605)

Alessandro Ottaviano de Médici
Pontificado (1605)

De oro, seis roeles en orla, cinco de gules y en jefe uno de azur cargado de tres flores de lis de oro en 2 y 1 (armas de los Médici). Timbre de tiara pontificia con triple corona (*trirregnum*) con las llaves de plata y oro cruzadas.

Su pontificado duro 26 dias

PAULO V (1552 – 1621)

Camilo Borghese
Pontificado (1605-1621)

Cortado, 1º de oro con águila de sable coronada de oro, y 2º de azur, un dragón de oro (armas de los Borghese). Timbre de tiara pontificia con triple corona (*trirregnum*) con las llaves de plata y oro cruzadas.

Finalizó las obras de la basílica de San Pedro.

GREGORIO XV (1554 – 1623)

Alessandro Ludovisi
Pontificado (1621-1623)

Cortado, 1º de gules, tres cotizas de oro, 2º, de gules (armas de los Ludovisi). Timbre de tiara pontificia con triple corona (*trirregnum*) con las llaves de plata y oro cruzadas.

Establece las normas de los cónclaves (1621-1622) estableciendo el voto secreto y no votarse a sí mismo, y se establecen las tres formas de elección por inspiración, por adoración y por aclamación.

URBANO VIII (1568 - 1644)

Maffeo Barberini
Pontificado (1623-1644)

De azur, con tres abejas de oro en 2 y 1 (armas de los Barberini). Timbre de tiara pontificia con triple corona (*trirregnum*) con las llaves de plata y oro cruzadas.

Durante su pontificado se celebró el juicio contra Galileo el 23 de septiembre de 1632 y 22 de junio de 1633 donde fue obligado a retractarse de sus tesis sobre el heliocentrismo.

INOCENCIO X (1574 - 1655)

Giovanni Battista Pamphili
Pontificado (1644-1655)

De gules, una paloma de plata sosteniendo una rama de olivo de sinople, un jefe de azur con tres flores de lis de oro separadas por dos verguetas de gules (armas de los Doria Pamphili). Timbre de tiara pontificia con triple corona (*trirregnum*) con las llaves de plata y oro cruzadas.

Por la Bula Cum occasione del 31 de marzo de 1635 condena el jansenismo

ALEJANDRO VII (1599 – 1667)

Fabio Chigi
Pontificado (1655-1667)

Cuartelado; 1º y 4º, de azur, un roble arrancado, hojado y frutado de oro, 2º y 3º, de gules un monte moviente de seis cimas de oro surmontado de una estrella de lo mismo (arma de los Chigi). Timbre de tiara pontificia con triple corona (*trirregnum*) con las llaves de plata y oro cruzadas.

CLEMENTE IX (1600 – 1669)

Giulio Rospigliosi
Pontificado (1667-1669)

Cuartelado, en oro y azur, cuatro losanges del uno en el otro (armas de los Rospigliosi). Timbre de tiara pontificia con triple corona (*trirregnum*) con las llaves de plata y oro cruzadas.

CLEMENTE X (1590 - 1676)

Emilio Bonaventura Altieri
Pontificado (1670-1676)

De azur, seis estrellas de seis puntas de plata dispuestas en 2, 2 y 1, bordura encajada de primero y segundo (armas de los Altieri). Timbre de tiara pontificia con triple corona (*trirregnum*) con las llaves de plata y oro cruzadas.

A través de la Bula In apostolicae dignitatis de 11 de febrero de 1676 la basílica del Pilar de Zaragoza se convierte en Catedral.

INOCENCIO XI (1611 - 1689)

Benedetto Giulio Odescalchi
Pontificado (1676-1689)

De plata, tres burelas de gules acompañadas de un león pasante de lo mismo en la primera y de seis navetas de gules puestas en 3, 2 y 1 en el resto, jefe de oro con un águila de sable coronada de oro (armas de los Odescalchi). Timbre de tiara pontificia con triple corona (*trirregnum*) con las llaves de plata y oro cruzadas.

ALEJANDRO VIII (1610 - 1691)

Pietro Vito Ottoboni
Pontificado (1689-1691)

Cortado: 1º, de oro, un águila bicéfala de sable, armada y lampasada de gules y coronada de oro, 2º, tronchado de azur y sinople con una banda brochante de plata (armas de los Ottoboni). Timbre de tiara pontificia con triple corona (*trirregnum*) con las llaves de plata y oro cruzadas.

INOCENCIO XII (1615 - 1700)

Antonio Franceso Gennaro Maria
Pignatelli del Rastrello
(Antonio Pignatelli)
Pontificado (1691-1700)

De oro tres ollas de sable(arma de los Pignatelli). Timbre de tiara pontificia con triple corona (*trirregnum*) con las llaves de plata y oro cruzadas.

Se mostró firmemente contrario al nepotismo y la simonia

CLEMENTE XI (1649 - 1721)

Giovanni Francesco Albani
Pontificado (1700-1721)

De azur, una faja de oro acompañada en jefe de una estrella de ocho rayos y en punta un monte de tres cimas todo de oro (armas de los Albani). Timbre de tiara pontificia con triple corona (*trirregnum*) con las llaves de plata y oro cruzadas.

INOCENCIO XIII (1655 - 1724)

Michelangelo Conti
Pontificado (1721-1724)

De gules, un águila exployada jaquelada de sable y oro, picada y armada de oro (armas de los Segni). Timbre de tiara pontificia con triple corona (*trirregnum*) con las llaves de plata y oro cruzadas.

BENEDICTO XIII (1649 – 1730)

Pietro Francesco Orsini
Pontificado (1724-1730)

Partido: 1º, bandas de gules y plata, que sostienen una banda de oro cargada de anguila sinuosa de sinople, el jefe de plata cargado de una rosa de gules botonada de oro, 2º, de azur, una torre de plata, mazonada y aclarada de sable y terrasada de sinople; un jefe de plata mantelado de sable con un perro contornado de plata sobre un libro de lo mismo, con una antorcha encendida, surmontado de corona de oro encerrando un ramo de lirios en banda y rama de palma de sinople en barra, surmontada de una estrella de plata. Timbre de tiara pontificia con triple corona (*trirregnum*) con las llaves de plata y oro cruzadas.

CLEMENTE XII (1652 – 1740)

Lorenzo Corsini Strozzi
Pontificado (1730-1740)

Bandas de plata y gules, y una faja de azur brochante sobre todo (armas de los Corsini). Timbre de tiara pontificia con triple corona (*trirregnum*) con las llaves de plata y oro cruzadas.

BENEDICTO XIV (1675 - 1758)

Prospero Lorenzo Lambertini
Pontificado (1740-1758)

De oro tres palos de gules. Timbre de tiara pontificia con triple corona (*trirregnum*) con las llaves de plata y oro cruzadas.

Ordenó borrar del índice de libros prohibidos la obra de Nicolas Copérnico dando por zanjada la oposición a la teoría heliocéntrica del sistema solar.

CLEMENTE XIII (1693 - 1769)

Carlo della Torre di Rezzonico
Pontificado (1758-1769)

Cuartelado: 1º, de gules, una cruz de plata, 2º y 3º, de azur, una torre de plata mazonada y aclarada de sable, 4º, barrado de gules y plata, sobre todo, escudete de oro coronado de lo. mismo con un águila bicéfala de sable, membrada y picada de plata, y coronada de oro (armas de los Rezzonico). Timbre de tiara pontificia con triple corona (*trirregnum*) con las llaves de plata y oro cruzadas.

CLEMENTE XIV (1705 – 1774)

Giovanni Vincenzo Antonio Ganganelli
Pontificado (1769-1774)

De azur, una faja de gules acompañado en jefe de tres estrellas de oro presentadas en faja y en punta un monte moviente de tres cimas de oro y un jefe de azur con los símbolos de la orden franciscana: dos brazos en carnación puestos en sotuer surmontado por una cruz. Timbre de tiara pontificia con triple corona (*trirregnum*) con las llaves de plata y oro cruzadas.

El 21 de julio de 1773 promulga el breve *Dominus ac Redemptor* por la que disuelve la Compañía de Jesús

PIO VI (1717 – 1799)

Giovanni Angelico Braschi
Pontificado (1775-1799)

De gules, Céfiro de plata que sopla desde la diestra con un viento figurado de plata, sobre un ramo de lirios floridos al natural en una llanura de sinople, un jefe de plata con tres estrellas de oro (armas de los Cybo). Timbre de tiara pontificia con triple corona (*trirregnum*) con las llaves de plata y oro cruzadas.

PIO VII (1742 - 1823)

Barnaba Niccoló Maria Luigi Chiaramonti
Pontificado (1800-1823)

Partido: 1º, de azur, cruz patriarcal posada en monte moviente de tres cumbres con las letras PAX brochado sobre todo, todo de oro, y 2º, tronchado de oro y azur, una banda de plata cargada de tres cabezas de moro de sable, un jefe de azur con tres estrellas de oro mal ordenadas. Timbre de tiara pontificia con triple corona (*trirregnum*) con las llaves de plata y oro cruzadas.

El 31 de julio de 1814 firma la Bula *Sollicitudo ómnium ecclesiarum* restaurando la Compañía de Jesús

LEÓN XII (1760 - 1829)

Annibale della Genga
Pontificado (1823-1829)

De azur, un águila exployada de oro y coronado de lo mismo. Timbre de tiara pontificia con triple corona (*trirregnum*) con las llaves de plata y oro cruzadas.

PIO VIII (1761 – 1830)

Francesco Saverio Castiglioni
Pontificado (1829-1830)

De gules, un león de plata sosteniendo en su pata siniestra una torre mazonada y aclarada de sable (armas de los Castiglioni). Timbre de tiara pontificia con triple corona (*trirregnum*) con las llaves de plata y oro cruzadas.

Condenó el indiferentismo religioso, el jansenismo y las sociedades secretas en la encíclica *Traditi humiliati*

GREGORIO XVI (1765 – 1846)

Bartolomeo Alberto Cappellari
Pagani Gesa
Pontificado (1831-1846)

Partido: 1º de azur con un cáliz de oro surmontado de un cometa ondeante de lo mismo y acompañado de dos palomas enfrentadas de plata, 2º, cortado, de azur con un capelo de sacerdote de sable, de plata, con un jefe de gules cargado de tres estrellas de oro. Timbre de tiara pontificia con triple corona (*trirregnum*) con las llaves de plata y oro cruzadas.

PIO IX (1792 – 1878)

Giovanni Maria Mastai Ferretti
Pontificado (1846-1878)

Cuartelado: 1º y 4º, de azur, un león coronado descansante en pata trasera en un bezante, todo en oro, 2º y 3º, de plata con dos bandas de gules. (armas de los Mastai y Ferreti). Timbre de tiara pontificia con triple corona (*trirregnum*) con las llaves de plata y oro cruzadas.

Con la encíclica *Ineffabilis Deus* del 8 de diciembre de 1854 proclama el dogma de la Inmaculada Concepción, y convoca el concilio Vaticano I (1869-1870) donde se define la infalibilidad papal.

LEÓN XIII (1810 – 1903)

Gioacchino Vicenzo Raffaele
Luigi Pecci
Pontificado (1878-1903)

De azur, un ciprés de sinople plantado en terraza de lo mismo, acompañado de dos flores de lis de plata y en el cantón derecho un cometa de oro colocado en barra, una faja brochante de plata. Timbre de tiara pontificia con triple corona (*trirregnum*) con las llaves de plata y oro cruzadas.

Publica en 1891 su encíclica *Rerum novarum*, primera encíclica social de la Iglesia

PIO X (1835 – 1914)

Giuseppe Melchiorre Sarto
Pontificado (1903-1914)

De azur, un ancla de sable sobre un mar de plata y azur, surmontada de una estrella de oro, un jefe de plata, con un león de oro leopardado, alado y nimbado sosteniendo con la pata anterior derecha, un evangelio de oro abierto con el texto en sable *Pax tibi Marce evangelista meus* (por haber sido patriarca de Venecia). Timbre de tiara pontificia con triple corona (*trirregnum*) con las llaves de plata y oro cruzadas.

BENEDICTO XV (1854 – 1922)

Giacomo della Chiesa
Pontificado (1914-1922)

Tronchado de azur y oro, una iglesia con la torre siniestrada de plata, techada de gules y el jefe de oro, con un águila exployada moviente de sable y lampasada de gules (armas parlantes de la Chiesa). Timbre de tiara pontificia con triple corona (*trirregnum*) con las llaves de plata y oro cruzadas.

Goberno durante la I Guerra Mundial y en 1917 promulga el primer Código de Derecho Canónico

PIO XI (1857 - 1939)

Achille Damiano Ambrogio Ratti
Pontificado (1922-1939)

Cortado: 1º, de oro, con un águila de sable, 2º, de plata, con tres roeles de gules en 2 y 1. Timbre de tiara pontificia con triple corona (*trirregnum*) con las llaves de plata y oro cruzadas.

Firma en 1929 los Pactos de Letrán con el Gobierno de Mussolini por el que se crea el Estado de la Ciudad del Vaticano

PIO XII (1876 - 1958)

Eugenio Maria Giuseppe
Giovanni Pacelli
Pontificado (1939-1958)

De azur, una paloma de plata con cabeza volteada que sostiene una rama de olivo de sinople, colocada sobre una montaña de plata de tres cimas que descansa sobre una terraza de sinople surmontada sobre un mar ondulado de plata y azur. Timbre de tiara pontificia con triple corona (*trirregnum*) con las llaves de plata y oro cruzadas.

Pontificado durante la II Guerra Mundial. Promulga el dogma de la Asunción de la Virgen en la encíclica *Munificentissimus Deus* el 1 de noviembre de 1950

JUAN XXIII (1881 – 1963)

Angelo Giuseppe Roncalli
Pontificado (1958-1963)

De gules, una faja de plata, una torre de plata mazonada y aclarada de sable brochante sobre todo, acompañada en jefe de dos flores de lis de lo mismo, jefe de plata con un león leopardado alado y nimbado, teniendo con la pata anterior derecha un evangelio abierto con el texto en sable *Pax tibi Marce Evangelista meus (patriarca de Venecia).* Timbre de tiara pontificia con triple corona (*trirregnum*) con las llaves de plata y oro cruzadas.

El 11 de octubre de 1962 convoca el Concilio Vaticano II

PABLO VI (1897 – 1978)

Giovanni Battista Enrico
Antonio Maria Montini
Pontificado (1963-1978)

De gules, un monte de seis cimas de plata moviente surmontado de tres flores de lis de lo mismo mal ordenadas (armas parlantes Montini). Timbre de tiara pontificia con una sola corona (*regnum*) con las llaves de plata y oro cruzadas.

Concluye el Concilio Vaticano II en 1965

JUAN PABLO I (1912 - 1978)

Albino Luciani
Pontificado (1978)

De azur, un monte moviente de plata con seis picos, surmontado de tres estrellas de oro de cinco puntas mal ordenadas, jefe de plata con un león leopardado alado y nimbado, sosteniendo en su pata anterior derecha un evangelio de oro con el texto en sable *Pax tibi Marce Evangelista meus* (por Patriarca de Venecia). Timbre de tiara pontificia con tres coronas (*trirregnum*) con las llaves de plata y oro cruzadas.

Su pontificado duro solo 33 días.

JUAN PABLO II (1920 - 2005)

Karol Józef Wojtyla
Pontificado (1978-2005)

De azur, una cruz de oro desplazada al cantón diestro y con la letra M de oro en el cantón siniestro de la punta. Timbre de tiara pontificia con tres coronas (*trirregnum*) con las llaves de plata y oro cruzadas.

BENEDICTO XVI (1927 – 2022)

Joseph Aloisius Ratzinger
Pontificado (2005-2013)

De gules, cortinado curvado alzado de oro con una vieira de oro en punta, a la diesra, una cabeza de negro de sable, coronado, acollado y labios de gules, y anillado de oro, a la siniestra, un oso de sable puesto en banda, lampasado y cargando de gules con cuesras en sotuer de sable- Timbre de mitra con las llaves de plata y oro cruzadas. Palio arzobispal de plata rematada la colgante en sable y cargada de tres cruces de gules.

El 28 de febrero de 2013 renuncia al pontificado (pontífice emérito).

FRANCISCO (1920 – 2005)

Jorge Mario Bergoglio
Pontificado (2013-)

De azur, un sol figurado de 32 radios de oro, cargado del anagrama IHS, con la H surmontada de una cruz patada, todo en gules, y tres clavos de sable en punta, puestos en banda, en palo y en barra, acompañado de una estrella de oro en el cantón diestro de la punta, y una flor de nardo de oro en el cantón siniestro de la punta. Banda con el lema *Miserando atque eligendo.* Timbre de mitra con las llaves de plata y oro cruzadas.

Peculiaridad de la mal llamada Heráldica de Hermandades y Cofradías en el ámbito católico

En el ámbito de las Hermandades y Cofradías, dentro del contexto católico, se desarrolla todo un abanico de realidades y posibilidades simbólicas y rituales, de tal forma, que al tomar contacto con ellas en sus distintos avatares a lo largo de todo el año hasta culminar en su Semana Mayor, se perciben toda una serie de sensaciones y motivaciones de fe expresadas por sus imágenes, sus símbolos, su ornamentación, etc., haciendo que sea posible entender la presencia en ellas de cantidad ingente de elementos simbólicos y que, a la sazón, es una de sus formas principales de expresión y, al mismo tiempo, de acercarse, de *"hablar"* al pueblo en un lenguaje inteligible para todos y todas.

De entre toda su simbología, en las Hermandades y Cofradías se hace evidente uno en particular, que usa a modo de identidad corporativa, pero también de representación de su identidad histórica y religiosa en los símbolos que incorpora y asume, o al menos así debería ser. Me estoy refiriendo al ámbito heráldico asumido por las corporaciones cofrades como elemento y sello de identidad propio, y que en ellos se quieren representar sus títulos, advocaciones, gracias, indulgencias, patronatos, honores, atributos pasionales, etc., concedidos o adquiridos a lo largo de su historia. Hablamos de la mal llamada Heráldica Cofrade, ya que, en honor a la verdad, no se puede afirmar la existencia de una heráldica cofrade propiamente dicha en este sentido y regulada por normas de composición, sino que se trata más bien de una composición artística a la que, libremente y la mayoría de las veces a gusto del creador, se le han aplicado determinados aspectos procedentes de la heráldica civil y eclesiástica, dos ámbitos de dicha ciencia que sí están reguladas por sus propias normas específicas en su creación y composición.

En esa composición heráldica cofrade se han venido organizando distintos elementos simbólicos de forma libre y no ajustada a la ciencia heroica, y en ella se pueden distinguir, básicamente, tres grupos de elementos simbólicos y de atribución:

- Los atributos o elementos pasionales, que intentan representar el pasaje evangélico que muestran, y así tenemos la cruz donde crucificaron a Jesucristo, los clavos usados para la crucifixión, el hisopo con el que le dieron a beber vinagre, la lanza con la que fue atrave-sado, las escaleras usadas para bajarlo de la cruz, la corona de espi-nas y la caña, representando la coronación como *"rey"* burlonamente, etc.

- Los atributos o elementos representativos de títulos concedidos por autoridades o personajes civiles, tales como la corona real, el Collar de la Orden del Toisón de Oro, los escudos de armas reales de la na-ción que sea, el manto de armiño, etc.. que representan a títulos como *"Real"* o *"Ilustre"*

- Los atributos o elementos representativos de títulos o agregaciones concedidos por autoridad eclesiástica, como el báculo, la mitra, la tiara pontificia, el capelo o gorro cardenalicio, obispal, arzobispal o canónico, la cruz patriarcal, los atributos de santos, custodias, viriles, etc., que representan a títulos como "Pontificia"o "Patriarcal"

- Los atributos o elementos representativos de agregaciones, concedidos por órdenes religiosas o civiles, incorporando al emblema de la corporación el propio de la entidad a la que se agrega o adhiere, como "Franciscana" , "Dominica" , y que suele incorporarse al título general de la Hermandad, o adhesión a la *"Basílica de Jerusalén"*, *"San Juan de Letrán"* o de *"Santiago de los Españoles"*.

Además de estos elementos pueden llevar también bandas con lemas o leyendas alegóricas como *Charitas, Piedad, Pax,* etc., o bien elementos vegetales como retamas de hiniestas, laurel, palmas, flores de lis, azucenas, etc., o astronómicos como soles o estrellas. Algunas llevan los anagramas de María (A y M entrelazadas)o de Jesús (Jesús Hombre Salvador).

Vemos pues que los elementos, aunque se repiten en muchos escudos, son muy numerosos, y que pretende representar de forma resumida, la historia de la hermandad y sus rangos y títulos y adjetivos, tanto civiles como eclesiásticos.

Por otro lado, en el título general o nombre de la hermandad se pueden contemplar también los honores de las mismas. Así, una hermandad será *"Archicofradía"* y *"Pontificia"* cuando le sea concedida mediante documento por el Sumo Pontífice; *"Antigua"* cuando tenga, normalmente, más de un siglo de antigüedad; *"Primitiva"* cuando haya sido la primera en el conjunto de las de su tipo o por ser la primera en realizar o hacer algo concreto; *"Fervorosa"* y *"Humilde"* por concesión de la autoridad eclesiás-tica y tiene carácter piadoso, *"Sacramental"*, cuando el rango le es concedido por la autoridad eclesiástica o por la unión de la cofradía con otra que lo posea, *"Real"* cuando lo concede el titular de la Casa Real correspondiente (nunca por el resto de la familia real); *"Ilustre"* o *"Ilustrísima"* concedida por una autoridad de rango noble y suele representarse por el manto de armiño, *"Trinitaria"*, *"Franciscana"*, etc., cuando la cofradía está o ha estado vinculada a alguna orden religiosa de su nombre.

No se trata por tanto de una heráldica propiamente dicha regulada por unas normas concretas, sino que es una composición libre de carácter artístico que recurre a elementos de una u otra heráldica, por mucho que en sus descripciones se pretenda expresarla en términos heráldicos, y esto es así hasta tal punto que en muchos *"escudos"* cofrades, se incorporan elementos simbólicos que deberían representar, por ejemplo, títulos concedidos como el de *Real* (incorporando corona real), o *Pontificia* (incorporando la tiara pontificia), o *Ilustre* (incorporando el manto de armiño), etc., pero que, sin embargo, carecen de dichos títulos que pretenden representar esos sím-bolos. En conclusión, al intentar *"leer"* el escudo se está interpretando fal-samente ya que el símbolo no representa una realidad que se posee, sino que responde solo al capricho artístico del creador.

Este debate no es nuevo, y son muchos los autores, incluido el que suscribe, que han venido reclamando una normalización heráldica en el diseño de los escudos de las Hermandades y Cofradías que representen realmente lo que se posee y evitar, así, la discordancia entre el símbolo y la realidad que debe-ría representar.

Andrés Nicas afirmaba en el año 2019[67] que el *"aspecto antropológico del blasón cofrade... va más allá de lo puramente estético o plástico, representando quizás uno de los elementos al que hay que dedicar mayor atención si cabe, para que las armerías queden fijadas en los libros de reglas, para con ello evitar desviaciones del auténtico blasón que corresponde a cada hermandad."*

En abril de 1973 Joaquín González Moreno[68] reclamaba la necesidad de establecer una normalización en lo referente a los *"emblemas y escudos de nuestras organizaciones religiosas"* con una *"obra de conjunto, una puesta al día de la historia de los símbolos heráldicos cofradieros que recogiera no sólo el dibujo o los dibujos de las diferentes armas usadas en la vida nazarena de la ciudad, sino la historia de cada una de ellas, sus pleitos, sus licencias, sus liberalidades."* Este mismo autor apuntaba que *"por el siglo XVIII, cuando hasta en los legajos del archivo de Protocolos Notariales se multiplicaban los cuarteles de los aspirantes a cargos públicos, con notoria falsedad histórica y genealógica, tuvo que venir una real orden de la Corona para depurar tantos engendros y enredos...se prodigaban las piezas de oro sobre campos de plata, y la cruz roja de Santiago con fondo verde. ¿Era ignorancia o simple desobe-diencia a las*

[67] Calvo Verdú, Miguel *De la composición heráldica de las Hermandades y Cofradías, en referencia a las de Sevilla y sus símbolos,* Editamas, Badajoz 2019, pág. 13
[68] González Moreno, J. *Heráldica Cofradiera,* en ABC de Sevilla, 5 de abril de 1973, pág. 15

instrucciones de un aficionado?" Tales despropósitos heráldicos en las hermandades y cofradías eran y siguen siendo abundantes, alejándose la mayor de las veces de cualquier norma heráldica, de tal suerte que a los hermanos nazarenos *"se le exigía piedad, perseverancia, amor al prójimo y, sobre todo, un gran culto a Jesús y a la Virgen en su Pasión, y poco se le pedía en las reglas de tener en cuenta los viejos colores de gules, sinople, sable y azur".*

En el año 1997 Juan Infante-Galán[69] se hace eco de este panorama de caos heráldico cofrade, y a propósito de la renovación de las reglas de las cofradías, aconsejaba la necesidad de *"estudiar con buen sentido y claros conceptos de heráldica religiosa los escudos de nuestras cofradías, entre los que hay disparates heráldicos y religiosos para todos los gustos, y hasta alguna risible forma aparente de escudo".* Igualmente se pronuncia a propósito de los títu-los de las Hermandades y Cofradías alegando que *"en no pocos casos sin base documental ninguna, otros son pura pomposidad, y los más no pasan de la categoría de simples adjetivos"*, aconsejando que *"una buena poda a hoja y pelo, daría muy buenos resultados".*

En conclusión, mirar una composición heráldica cofrade, escudo, blasón de una Hermandad supone poder *"leer"* su historia a través de sus símbolos representativos esenciales de sus advocaciones y también de los distintos hitos en su historia que la caracterizan, y es en este sentido esencial en el que debe basarse la composición y organización de los distintos escudos identificativos de las Hermandades y Cofradías y, por ende, su normalización y composición.

---

[69] Infante-Galán, J. *Heráldica Cofradiera,* en ABC de Sevilla, 24 de diciembre de 1977, pg. 36

Vocabulario Básico de términos de Heráldica

Abismo: parte central del escudo.
Aclarado: cualquier tipo de abertura en una figura heráldico por donde penetra la luz.
Acolado: escudo en el que detrás, en aspa, o alrededor, tiene ciertas señales de distinción, como llaves, banderas, cruces, collares, etc.
Acompañada: cualquier figura principal que lleva a su lado otras de menor tamaño.
Acostada: toda pieza ordinaria, pequeña y de forma rectangular, situada verticalmente y en serie en la parte superior del escudo.
Afrontados: figuras de animales que se miran el uno al otro.
Ajedrezado: dicho del campo del escudo cubierto y formado por cuadros de ajedrez no superando más de seis órdenes por los costados y un máximo total de treinta y seis cuadros.
Anillo: pieza redonda y hueca que permite ver el campo del escudo.
Argén: nombre heráldico del esmalte representado por el color blanco. También denominado plata.
Armado: hombre o de alguna de sus partes (mano, brazo, etc.) cubierto por armadura o arnés. Se usa también respecto de los animales cuyas garras o uñas están tintadas de esmalte diferente al del cuerpo.
Armas: sinónimo de escudo o blasón.
Armiño: un fondo de plata, con colitas o colillas de sable.
Arrancado: árbol o planta que se representa con las raíces fuera de la tierra o cabeza o miembro del animal que no están bien cortados.
Aspa: ver sotuer.
Azur: nombre heráldico del color azul. En dibujo lineal, se representa por medio de líneas horizontales.
Banda: tira con un ancho igual a un tercio del escudo colocada diagonalmente de derecha a izquierda.
Barra: tira similar a la banda, pero colocada de izquierda a derecha.
Bezante: pieza plana de metal de forma redonda.
Billete: pieza de forma rectangular.
Bordura: pieza con un ancho de la sexta parte del escudo, que lo rodea por su interior.
Brisura: pieza que permite introducir modificaciones en el escudo de un linaje.
Brochante: pieza o mueble que está encima de otra.
Burelete: es un rollo de tela retorcida alrededor de la parte superior del yelmo y la cimera para mantener los lambrequines en su lugar.
Cabrío: ver chevrón.
Campo: parte total e interior del escudo, donde se dibujan las particiones y figuras.
Cantón: pieza disminuida que en la mayor parte de los casos equivale al tercio del escudo en altura y anchura.
Cargadas: pieza o mueble que lleva otra sobrepuesta y que está en su interior sin salirse de él.
Casco: pieza que imita el casco de la armadura y sirve para timbrar o adornar el exterior del escudo.

Chevrón: pieza en forma de V invertida, se rencuentran en el ángulo agudo cerca del borde superior del escudo.
Cimera: adorno que se sitúa sobre el casco.
Contornada: figura que mira a la izquierda del escudo
Cortado: dícese de escudo dividido en dos partes iguales por medio de una línea horizontal.
Creciente: dícese de la luna cuyos cuernos apuntan al jefe (hacia arriba). En el caso de que lo hagan a la punta (hacia abajo) se habla de creciente ranversado.
Cuartel: cada una de las divisiones que puede tener un escudo según las reglas heráldicas.
Cuartelado: dícese de escudo dividido en cuatro partes iguales por medio de una lí-nea horizontal y otra vertical que se cortan en el centro. En el caso de un escudo dividido en cuatro por dos líneas diagonales, como un soutier, es llamado cuartelado en soutier.
Dimidiado: dícese del escudo compuesto cuando muestra únicamente la mitad de las figuras de los blasones unidos en él.
Divisa: ver lema.
Empinado: figura de un caballo alzado sobre sus patas traseras.
Entado: partición irregular situada en la punta del escudo, de lados curvos unidos en el centro de la línea superior que delimita la punta.
Escaque: cada uno de los cuadros que resultan de las divisiones del escudo.
Escusón: pieza con la forma de un escudo de pequeño tamaño, con la misma forma que el principal.
Esmalte: cada uno de los colores o metales utilizados heráldica.
Faja: pieza con un ancho de un tercio del escudo, que lo corta por dos horizontalmente.
Frete: ver greca.
Fuso: pieza rombal similar a un losange, pero más larga y estrecha.
Fustado: se dice de un árbol cuyo tronco es de diferente color que el resto.
Girón: ortografía alternativa de jirón.
Greca: pieza compuesta de un *macle* cruzado por una banda disminuida y una barra disminuida.
Gules: nombre heráldico del color rojo. En dibujo lineal, se representa por medio de líneas verticales.
Hojado: mueble heráldico de un vegetal cuyas hojas están representadas con un esmalte o metal diferente al conjunto.
Hueca: cruz que en su centro deja ver el campo del escudo.
Infamado o difamado: Se aplica a animales, en especial águila y león, que se representan sin cola en señal de infamia.
Isla: figura que se representa por una mon-taña circundada de ondas de azur y plata.
Jaquel: pieza compuesta por la combinación alternada de escaques de metal y color.
Jefe: parte superior del escudo; también, pieza horizontal con un ancho de un tercio del escudo, que ocupa el parte superior.

Jirón: pieza triangular que ocupa la octava parte del escudo, cuyo vértice es el abismo y los lados se colocan en las posiciones de partido o cortado
Jironado: dícese del escudo cortado, partido, tajado y tronchado, componiéndose de ocho jirones que convergen en el centro del escudo.
Lambel: mueble heráldico de un travesaño horizontal, ornamentado de pendientes, normalmente tres.
Lambrequín: adorno de hojas de acanto que cuelgan del casco y rodean al escudo.
Lampasado: mueble heráldico con forma de animal cuya lengua está representada con un esmalte o metal diferente al conjunto.
Lema: frase, en cualquier idioma, sobre un rollo de papel normalmente posicionado debajo del escudo. También llamado divisa.
Linguado: ver lampasado.
Lis: adorno en forma de flor que representa al lirio.
Losange: pieza de forma de rombo.
Macle: losange hueco que permite ver el campo del escudo.
Mantelado: escudo formado por dos líneas que desde el centro se une a los ángulos inferiores, mantelado en punta, o superiores, mantelado en jefe.
Mazonado: dícese de las líneas que representan la separación de las piedras o de otros materiales empleados en las construcciones. Que representa la obra de sillería.
Mueble: cada una de las pequeñas piezas, como lises o anillos, que contiene el escudo.
Nimbo: círculo sobre la cabeza de los santos. A veces también se ve en la cabeza del águila.
Ondas: líneas ondula
Orla: pieza que rodea el interior del escudo por todos sus lados, sin llegar a tocarlos. Difiere de una bordura con la distancia que la separa de los bordes.
Oro: metal heráldico que se representa por el color amarillo.
Palo: pieza con un ancho de un tercio del escudo, que lo corta por dos verticalmente.
Partido: dícese de escudo dividido en dos partes iguales por medio de una línea vertical.
Pasante: figura animal caminando (parados en tres patas, una levantada).
Pasante mirante: figura animal caminando parados en tres patas, una levantada y de cara al espectador.
Perla: pieza con la forma de una letra Y o de un palio arzobispal.
Pila: pieza con forma triangular cuya base se encuentra situada en la parte superior del escudo.
Plata: metal heráldico que se representa por el color blanco.
Púrpura: nombre heráldico del color violeta. En dibujo lineal, se representa por medio de líneas oblicuas del ángulo superior siniestro al inferior diestro.
Rampante: figura animal apoyada sobre las patas y las manos levantadas.
Ranversado: se aplica a la carga que por defecto se dirige hacia el jefe del escudo y se quiere especificar que va dirigida hacia la punta del escudo.
Roel: pieza de color de forma redonda.

Rustro: losange perforado por un círculo, mostrando el campo.
Sable: nombre heráldico del color negro. En dibujo lineal, se representa por medio de líneas verticales y horizontales que se cruzan.
Siniestrada: pieza o figura que posee otra a su izquierda.
Sinople: nombre heráldico del color verde. En dibujo lineal, se representa por medio de líneas oblicuas del ángulo superior diestro al inferior siniestro.
Soportes: ver tenantes.
Soutier: pieza de honor formada por la banda y la barra con una anchura igual a un tercio de la del escudo.
Sumada: pieza que posee en su parte superior otra figura unida a ella.
Superada: pieza que posee en su parte superior otra figura, pero sin tocarla.
Surmontada: ver superada
Tajado: dícese de escudo dividido en dos partes por medio de una línea diagonal de izquierda a derecha.
Tallado: figura vegetal con un parte del tallo mostrado.
Tenantes: figuras situadas detrás o a los la-dos del escudo que lo sostienen.
Terciado: dícese de escudo dividido en tres partes.
Terrasado: figura que está sobre la terraza.
Terraza: figura que representa el suelo y en el que se colocan otras figuras, se sitúa en la punta del escudo, usualmente se pintan de color sinople o al natural. Suele asemejarse a un montículo irregular (también se representa recta), que generalmente cubre las raíces de los árboles y sobre el que se suelen apoyar otras figuras.
Timbrado: dícese del escudo que sobre el jefe lleva externamente una figura, generalmente una corona o un yelmo.
Tronchado: dícese de escudo dividido en dos partes por medio de una línea diagonal de derecha a izquierda.
Uñado: cuadrúpedo cuyas pezuñas aparecen con distinto color al del resto del cuerpo
Venablo: Dardo o lanza corta y arrojadiza consistente en una varilla delgada y cilíndrica terminada en una hoja de hierro en forma alveolada.
Venera: concha marina semicircular con estrías.
Vero: esmaltes que cubren el escudo, en forma de campanillas alternadas, unas de plata y otras de azur, y con las bocas opuestas

GANE MI VIDA CON ESFUERO Y TESÓN
MIGUEL CALVO VERDU